I0410310

DIPENDENZA D'AMORE

Non sarò il tuo Giuda, non ti tradirò mai, neanche per salvarmi la vita. Rimarrò con te, legata alla tua sorte, nella salute e nella malattia. Finché morte non ci separi. Ricordi? Che bella questa frase che si giurano tutti gli sposi in Chiesa, davanti all'altare! Noi non ci siamo sposati in nessun tempio, "nessun luogo sacro" dicesti. Perciò non puoi ricordare, ma mi conosci così bene dopo quasi 12 anni di convivenza, che i miei ricordi riesci a leggerli, li vedo riflessi nel tuo sguardo quando mi guarda dolce come un tempo, ma poi la luce cambia e diventa inspiegabilmente spietata, disperata, folle, diabolica. Ma non ho mai avuto paura di te, vorrei tu lo sapessi, non ho mai chiesto aiuto, non mi sono mai confidata con un'amica per rivelarle il segreto del nostro rapporto. Adesso sento che la fine è vicina per uno dei due. O forse moriremo abbracciati nel gran letto del dolore, dove giacciono gli amanti in una sola tomba, quella del loro amore. Ogni giorno tu mi fai più male, mi picchi a sangue, a volte mi costringi a bere 2 bottiglie di birra perché anche io senta quell'ebbrezza schifosa che senti tu. Io non ce la faccio a difendermi, tu sei più forte di me. So bene che specie in questi momenti devo subire. A volte piango, ti supplico di non farmi questo, ma è inutile. Ho quasi la sensazione che la mia disperazione aumenti il tuo infierire. Quando mi sveglio la mattina dopo giorni così, sono uno straccio vivente, mi chiedo come faccio a prepararmi il caffè. Lo bevo con l'illusione che mi dia la forza per scappare da te,

1

dalla nostra casa. Quando ti vedo apparire sotto l'arco della porta di cucina mi fai schifo, ho voglia di ucciderti. Ma poi ti avvicini lentamente stropicciandoti gli occhi, stendendoti come un gatto, mostrando tutta la tua muscolatura, che riprende vigore e slancio come il ruggito di un leone al risveglio. E mi sembri dolce come un cucciolo, forte come un leone, largo come l'orizzonte, misterioso come il piacere, quello più acre e intenso. Come faccio a non affondare il mio viso stanco nell'incavo dei tuoi addominali, fatti apposta per ricevermi e in quel momento la tua mano mi accarezza con quel movimento che mi fa perdere la memoria. E sono di nuovo tua.

Avevo appena compiuto 27 anni il giorno in cui ti vidi per la prima volta. Eravamo in un supermercato, entrambi facevamo la fila, io ero due tre posti dietro di te. A tradirci fu l'incrocio dei nostri sguardi, in mezzo alla gente. Come sottofondo musicale: il rumore delle casse, il rotolare delle monete, le buste della spesa che emettevano suoni striduli. Ti girasti un attimo, fu un gesto automatico, io distrattamente seguì questo movimento. I luoghi affollati, li ho sempre considerati freddi e "burocratici". Le mie emozioni hanno bisogno d'aria per respirare, quell'aria del viaggio, del mistero, del rischio, che mi davano carica, sensualità, passione. Eppure ci sono sensazioni forti che non percepiamo subito, passano inosservate , cose cosiddette naturali come il guardarsi di due sconosciuti mentre fanno la spesa....

Mi ritrovai per strada senza niente in mano. Non avevo acquistato nulla. Ma allora che ci ero entrata a fare in quel supermercato? A perdere tempo? Per riempire un carrello di roba, fino ad occupare anche un posto per la fila? I misteri del non so perché!

"ha bisogno d'aiuto?" Una voce dolce e virile interruppe il mio pensare a vuoto. Mi girai di scatto. Vidi dietro di me, vicino ma non troppo, un uomo alto dalla corporatura robusta, era giovane e bello, questo saltava subito agli occhi. "Prego?" dissi con l'aria un po' stralunata. "Mi sono permesso di importunarla, perché…mi deve scusare, è da un po' che la guardo. Lei è molto giovane e carina e ho come l'impressione si sia persa. E' straniera?". –"No, non sono straniera" risposi con un tono leggermente brusco. "Io sono Tiziano, per servirti, bella signorina" Lo disse tra l'ironico e il seduttore che in lui, si vedeva lontano un miglio, doveva essere una seconda pelle. "Io, Paola" ribattei dopo un po'. Nel frattempo i nostri sguardi si fissavano. Io fissavo il suo come abbagliata da una luce che riluceva dal profondo. I suoi occhi erano grigio-verde, penetranti e indagatori. Ma non fu questo particolare a incantarmi, piuttosto, quella luce….

Ci rivedemmo due giorni dopo. Fui io la prima a telefonargli: " sono Paola ti ricordi di me o ti sei già pentito di avermi lasciato il tuo numero di telefono?". Fui sorpresa quando lo sentì esclamare: "Paola, ma certo, non sai quanto ti ho pensato e…"
Strano, un seduttore come lui impacciato!. Mi venne da ridere istintivamente. "Perché ridi? Ho detto qualche goffaggine?"-"No, scusami, a volte uno ride e non sa perché, a te non succede mai?"-"Certo che mi succede". E un'altra pausa spezzò il filo della conversazione. Difficile parlare al cellulare con qualcuno che non conosci e vuoi conoscere. Tra te e lui è come se ti sbarrassero la strada della comunicazione: i silenzi indecifrabili, le frasi già dette o fatte. Meno male che lui ruppe il ghiaccio: "ti va di vederci, magari nel primo pomeriggio, vicino al supermercato, dove ci siamo conosciuti". Che fatica, lo disse tutto d'un fiato, per non tradire la paura. Però il suo tono mi faceva tenerezza. Io non aspettavo altro: "Ci vediamo allora, alle 15 e 30 va bene?"

Ci venivamo incontro sorridendoci. Finalmente rivedevo quella luce, che mi sembrava ancora più luminosa. "Dove mi guiderai?" gli dissi divertita e anche per sottolineare la sua gaffe di qualche giorno prima, quando mi chiese: "è straniera?". "Ho la macchina parcheggiata

qui vicino, che ne dici se ce ne andassimo a Posillipo?".
Detta così mi sembrava quasi un po' sfacciata questa
proposta, ma i suoi modi e il tono garbato mi disarmarono
da ogni diffidenza. Comunque non opposi resistenza ad
alcuna sua proposta, tra l'altro non ce n'era bisogno.
Niente in lui era ambiguo. Di fascino ne aveva parecchio,
ma non sembrava affatto approfittarsene. Lungo il tragitto
in macchina parlammo molto. Lui mi chiese di me: "Sono
appena laureata in lettere e cerco lavoro". –"Ti preoccupa
molto la tua situazione, voglio dire, mi sembra tu non
abbia le idee chiare sul settore nel quale vorresti
lavorare!". Aveva centrato il bersaglio. Non sapevo che
farmene di questa laurea. Non ero portata per insegnare. E
poi le condizioni di lavoro nella scuola erano pietose.
Arrivammo tra una parola e l'altra fino a capo Posillipo.
Scendemmo dalla macchina per passeggiare. Era una bella
giornata, illuminata da un sole tiepido autunnale, l'aria era
più pura rispetto al centro città congestionato dal traffico di
macchine e persone. Un luogo ameno, per un incontro
importante, almeno per me, che lo vivevo con l'ansia di
una scoperta che ti apre gli occhi e ti fa .rompere col
passato. Ci sono giorni in cui improvvisamente vedi alzarsi
davanti a te una barriera di cemento tra il prima e il dopo.
E tutto in un solo giorno, che non puoi sapere quanto
durerà: forse fino alle otto di sera o alle 10 o chissà tutta la
vita. Non gli sfuggirono queste mie fughe mentali, questo
estraniarmi essendo presente, viva e vegeta. Forse per
discrezione o non so cosa, non si espresse su questo suo
modo di percepirmi che io percepivo. Sembra un gioco di
parole: percepire la percezione di un altro. Invece è la cosa
più naturale del mondo, quando i sensi sono accesi dalla
gioventù. Spesso avevo pensato che la mia gioventù stesse
finendo. Che mi trovassi ora al giro di boa, non più il

luogo delle infinite possibilità dove la vita ti si apre davanti come un ventaglio. E tu potresti, proprio come al luna park, farti un giro in ogni piega e ritornare fresco e sorridente. "La giovane giovinezza è finita", mi risuonavano le parole di un ragazzo di 20 anni, al quale avevo chiesto fino a quanti anni ci si potesse considerare giovani. Pensieri di un tempo perduto…e perso. Tornai al presente con tutta me stessa: "Quanti anni hai?" "32 anni", rispose sorridendo Tiziano. Ma che cosa esattamente lo faceva sorridere di me?. Rispose alla domanda senza che gliela facessi: "Sei di una sincerità incantevole, preziosa e fragile come un cristallo" Si incupì un po' quando pronunciò le due ultime parole. Infatti evitò di guardarmi, abbassò lo sguardo su chissà quale pensiero. "Io ho 27 anni, sono in ritardo con la vita, perciò ti sembro fragile ma in realtà ho molti punti di forza" –"Quali ?"- "Ma non sarai mica uno psicologo o qualcosa del genere", dissi con un sorrisetto beffardo. – "Macchè rispose lui, mi piace la psicologia, leggo molto, ho come allenato una dote o un difetto non so, che mi fa essere attento ai paesaggi interiori di chi incontro e conosco" Nella vita lavoro come benzinaio. Ho una pompa di benzina, all'imbocco della strada che porta sull'autostrada. Non posso lamentarmi dell'attività, mi rende bene. Ma certo, forse hai ragione tu, mi sarebbe piaciuto fare lo psicologo". Questo argomento ci tenne legati per ore a parlare, discutere, ricordare i libri letti e quelli che avremmo voluto leggere. Ma come faceva quel tipo ad essere un benzinaio? Domanda, che oggi mi sembra di una futilità unica, specie, mentre guardo i cocci della mia vita, dei miei progetti, e anche quando mi sento nel girone infernale dei senza lavoro, della difficoltà di trovarlo, e se lo trovi, è mal pagato, o a contratto determinato. Pensando a tutto questo, il lavoro di Tiziano oggi mi sarebbe sembrato oro.

Ormai ci vedevamo almeno una volta alla settimana. E ogni volta scoprivamo di avere molti punti in comune: fra questi , la puntualità. Sembra una cosa da poco ma non lo è. Essere puntuali è molto di più che presentarsi in orario a un appuntamento. E' un modo di essere: precisi, coerenti. Come sono le persone, sulle quali poter contare nel bene e nel male. E questo può cementare un'amicizia, una relazione d'amore, fino a renderla indissolubile.

Tiziano mi faceva sentire bene ogni volta che stavamo insieme, anche per il più banale motivo. Quante volte mi sarò chiesta: è questo quel legame che si chiama amore? Lo chiedevo spesso alle mie amiche, quelle che conoscevo da anni, e con le quali mi ero sempre confidata. L'avevo confidato entusiasta anche a mia madre. All'epoca vivevo ancora in casa dei miei genitori. Ero figlia unica, ma loro non erano iperprotettivi con me. Mi trattavano come una donna di 28 anni. Mi ascoltavano, mi davano consigli, ma rispettavano le mie scelte. C'era stato un periodo, ai tempi della mia adolescenza, in cui soprattutto mia madre era molto apprensiva. Mi sentiva come se fossi di cristallo. Chiunque avrebbe potuto rompermi con un solo sguardo. Però si sforzava di non farmi pesare questa sua debolezza. Malgrado i suoi sforzi, io la percepivo, così come sentivo che aveva ragione. Lo capii molto dopo: il cuore di una madre difficilmente si sbaglia. Io ero veramente fragile come un cristallo.

Volarono due anni come aquiloni lanciati contro il vento. Avevo la forza e le illusioni della giovinezza che sbocciava. Il tempo per me era prezioso, sentivo di avere ancora la possibilità di viverlo senza preoccuparmi di aggrapparmi a lui perché non mi sfuggisse. Tiziano ed io stavamo insieme da due anni. Una sera in un bel ristorante del lungomare e, mi offrì una cena a base di ostriche e vino, come non ne avevo mai bevuto prima. Un bianco, delicato, dal gusto leggero come un alito di vento marino. Mi sentii volare da seduta, e dai piedi fino alle guance risaliva il sangue caldo come le sue mani, che improvvisamente presero la mia e le infilarono al dito un anello. "Mi vuoi nella tua vita per sempre?", sussurrò-"Sì" risposi flebilmente come in trance, soggiogata dallo sguardo magnetico con cui mi guardava. "Sì" quasi gridai, e ancora Sì. Ero rilassata, allegra, tanto che liberai una risata, che chissà da quanti anni avevo dentro, imprigionata dalle convenzioni culturali e sociali.

Uscimmo dal ristorante strafatti di libertà, risate, voglia di correre. Ci rincorremmo fino al faro. La strada lì era semideserta a non proprio illuminata, era più facile lasciarsi andare a quelle manifestazioni di piacere, che hanno dell'infantile e di cui la gente di solito si vergogna. Tiziano aveva una mole troppo imponente per fare il bambino. Il suo fisico gli permetteva solo di correre e di farmi volare tra le sue braccia, facendomi girare come su una giostra. Forse era il vino ma quella sera lui e io, capimmo di essere l'uno il nutrimento dell'altro. Quando le batterie mi si stavano esaurendo, affannata, gli chiesi con un tono amorevolmente beffardo: " Ehi, ma tu mi hai poco fa messo l'anello al dito! E io? Perché non hai comprato uno perché te lo mettessi anche io a te?" Improvvisamente si rabbuiò. Aveva l'aria pensosa e grave. Mi guardò a lungo prima di parlare: "Ti ho chiesto se volevi essere legata a me per sempre, e tu mi hai risposto sì. Se vuoi legarmi a te per sempre, sei tu a doverlo decidere, non posso farlo io per te".

"Se vuoi legarmi a te per sempre, sei tu a doverlo decidere, non posso farlo io per te".
Questa frase mi risuonò nelle orecchie per giorni. Quelle

parole mi entrarono dentro, afferrarono la mia coperta di sogni e la scaraventarono in aria, lasciandomi in balia del freddo dell'inverno. Quelle parole lontane e fredde come il cielo stellato di quella notte, parlavano a quella parte di me che credevo nessuno potesse conoscere. Tutto a un tratto mi sembrò un gioco crudele del destino, farmi sentire addosso quella frustrazione destabilizzante, ma forse la realtà era più semplice. La mia irrequietezza nasceva dalla sensazione di non riuscire ad afferrare quello che mi sfuggiva, e mi lasciava l'impotenza di non poter capire le cose al momento giusto. E magari anche se le avessi capite, avrei fatto finta di non averle capite, e solo per prolungare un benessere effimero. Ma cosa è la vita, se non questo. Un ritardare una verità amara, un dolore lancinante. Meglio non sapere!

Intanto continuavo a cercarmi un lavoro. Mandando curriculum, sostenendo colloqui, che terminavano più o meno sempre così: "Le sue competenze ci interessano molto, le faremo sapere.."
Ad ogni mio fallimento, chissà perché, mi veniva istintivo guardarmi l'anello che Tiziano mi aveva messo al dito, in quella pazza serata di risate e allegria. Io non avrei potuto comprare un anello per lui e metterglielo al dito. Non ero in grado nemmeno di comprarmi un biglietto del pullman. All'epoca amavo molto leggere poesie, nutrivano il mio desiderio di libertà, di infinito. Leggere una poesia che mi emozionava era l'alba di un giorno perfetto, il tramonto di una notte indimenticabile. Il dolore e il piacere che si univano in un estatico bacio….e ancora di più. Quel di più che non sentivo, che mi sfuggiva, accarezzando i ricordi ma senza farne parte.

Tiziano era orfano. Un giorno mi raccontò la sua triste storia di bambino solo e provato dalla vita. I suoi genitori non li ricordava neppure. L'unica persona di cui parlava spesso, era sua nonna. Grazie alle sue cure, non gli era mancato nulla. Dai suoi racconti, mi ero fatta l'idea che doveva essere una donna sofferta, vittima del dolore più grande potesse capitare a un essere umano: la morte di una figlia. La madre di Tiziano era la sua unica figlia; quando morì, insieme al marito in un incidente d'auto, aveva un figlio di appena tre anni, Tiziano. Per sua madre, occuparsi di suo nipote, divenne una missione, oltre che un modo per ritrovare sua figlia nei gesti, nello sguardo del piccolo Tiziano, che come gli ripeteva spesso, somigliava tanto a sua madre. In realtà la povera donna, non riuscii mai a superare il dolore per la perdita di sua figlia. Fece uno sforzo superiore alle sue forze ricoprendo Tiziano di premure e affetto, ma non riuscii mai a comunicargli serenità e equilibrio. Fu una donna che trascinò la sua vita come un fantasma fino alla fine. L'amarezza che aveva nel cuore, le scavò dentro un pozzo troppo profondo. A volte si intravedeva una piccola luce, o almeno così mi raccontò Tiziano, che sicuramente condivise l'amarezza di sua nonna, ma anche il suo sforzo di amare con dolcezza.

Un giorno, tornando da scuola, Tiziano trovò sua nonna seduta sulla poltrona con la testa riversa verso il basso. Un ciuffo di capelli bianco sembrava ribellarsi a quella morte improvvisa eppure da tanti anni annunciata. Tiziano non si ribellò piangendo, le si avvicinò per farle una carezza. Sistemò tutto ciò che di scomposto vi era nella casa, prima di chiamare polizia e l'ambulanza. Non doveva essere stato facile per un ragazzo di soli diciassette anni avere un tale autocontrollo! E anche quando mi raccontava i particolari più dolorosi di quella scena, avevo l'impressione, non lo riguardasse, tanto riuscisse a dominare e a nascondere chissà dove la sua commozione, quella ferita che sicuramente doveva sanguinare in qualche luogo della sua testa. "Il vero dolore è un fiume putrido sotterraneo che non tutti conoscono. La maggior parte della gente pensa al dolore come a uno spargimento di sangue e lacrime. Questo passa e si dimentica. Quello che si muove nel profondo è invisibile, potrebbe camminarti accanto, ma non puoi liberartene", mi disse una volta, mentre discutevamo di temi importanti, con i quali le persone di solito non si confrontano. Meglio non sapere!

Era bello poter parlare di tutto, anche delle cose più delicate, profonde, quelle che metteresti dentro una cassaforte e getteresti a mare, per nasconderle pure a te stessa. Tiziano riusciva a uscire perfino dal dolore più cupo e raccontarmi quello che di solito gli uomini non dicono. Gli piaceva parlare di sé e ascoltarmi, conoscere i miei pensieri, le cose che sentivo. Con lui non esistevano barriere. Stavo cambiando senza accorgermene, ridevo di più, ero più disinvolta con chiunque. Avevo il coraggio di dire sempre quello che pensavo, la timidezza ormai, era un'amica che non frequentavo più. Nella mia testa era scattato qualcosa, una porta si era aperta, la mia esistenza poggiava su altre basi. Non avrei saputo dire se fossero più solide, sapevo solo che erano diverse. Indossavo vestiti nuovi, il mio colore preferito era il nero. Non perché all'epoca fosse di moda, mi esaltavano le acrobazie eccentriche che il nero mi permetteva di fare. La sua impudicizia, la sua sporcizia che non si vedeva. E poi le lavagna dove il bimbo di Prévert disegnò il volto della felicità, era nera. Il nero si associava tradizionalmente alla morte quasi mai alla vita, all'amore. In quel periodo scoprii che non c'è niente di più divertente e creativo! Cambiare le associazioni, rompere gli schemi, dare un calcio alle formalità, vivere il rovescio, sapere che un'alternativa c'è sempre se hai la forza di cercarla, magari inventartela. Questa nuova forza me l'aveva tirata fuori lui. Senza Tiziano non sarei mai cambiata. Non avrei conosciuto quest'ebbrezza dal sapore di un'avventura. Perché la vita può essere un'avventura anche quando hai una bella casa, un lavoro gratificante, un'immagine sociale rispettabile, un compagno che ti porta le rose per ricordarti che ti ama come il primo giorno. E lui lo faceva, con la stessa amorevolezza con cui un giardiniere innaffia il suo giardino e si compiace di vederlo fiorito. Era la mia forza il suo amore, le sue premure, la sua presenza quando mi sentivo debole e indifesa; era insostituibile. Eravamo una cosa sola.

Quest'incantesimo non si scontrava con la quotidianeità. Io ero realmente cambiata. Mostravo una sicurezza e una disinvoltura, quando mi rapportavo agli altri, che sfiorava il limite con la sfacciataggine. Tutto questo, costituiva per me una novità, una scoperta di me che non mi sarei aspettata. Ero sempre stata fondamentalmente timida, ansiosa, parlavo poco di me, mi tenevo tutto dentro, anche le emozioni più forti le spingevo giù in fondo al cuore, per essere sicura gli altri non potessero scoprirle. Da quando conobbi Tiziano, imparai da lui o attraverso di lui a liberarmi dalle catene della paura e della insicurezza, o almeno era questo che mi sembrava. Il mio cambiamento saltò agli occhi di tutti. La maggior parte delle persone che conoscevo, non me lo dicevano chiaramente, ma capivo che mi vedevano diversamente. Perfino i miei genitori, avevo l'impressione, fossero sorpresi di questo cambiamento, ma non mi fecero mai domande a proposito. In fondo cosa c'è di anormale nel cambiare abito, nel variare il ritmo e il contenuto delle parole. La vita è anche questo. La cosa che può sconcertare sono i cambiamenti improvvisi, o quelli che sembrano cambiamenti improvvisi, ma in realtà stanno maturando da molto tempo fino a quando un evento scatenante, che può essere un incontro, un trauma, un' esperienza forte insomma, li fa esplodere. Sull'onda di questa nuova energia trovai il coraggio per dire e fare cose che prima mi sarei tenuta dentro.

Eravamo, Tiziano e io seduti su una panchina di un parco, dopo una lunga passeggiata. Era di sabato e l'aria stava

cambiando colore. Come se intorno a noi la natura abbassasse apposta le luci per creare l'atmosfera adatta per parlare di qualcosa d'importante. Lui quel giorno era piuttosto distratto, continuava a guardare diritto come se inseguisse chissà cosa. Anche io ero assorta in questa pace, rapita dal cambiamento impercettibile dei colori. Ma decisi di non lasciarmi portar via da quest'atmosfera. Il freddo della panchina cominciava a farsi sentire, le mie gambe tremavano di freddo ed emozione. Stavo per chiedergli di definire il nostro rapporto e volevo farlo subito, anche se fossi incespicata sulle parole, se mi si fossero aggrovigliate in gola fino a strangolarmi, dovevo farlo. Non era di lui che avevo paura ma di me. Mi girai a guardarlo come se mi aspettassi da lui le parole che volevo dirgli. Fortunatamente ruppe il mio disagio: " Stai fremendo come una di queste foglie, cos'è che devi dirmi, forse hai perso l'anello che ti ho regalato?" Mi parlava come un papà alla sua bambina, che stava per confessargli di aver rubato la marmellata. Aveva messo gli avambracci sulle cosce, forse aveva assunto questa posizione per proteggersi da quel fascio di luce polverosa che lo puntava, malgrado la protezione degli alberi, o forse stava così per cambiare posizione e potermi guardare con più circospezione e attenzione. Ma non perdeva nello sguardo, né in quel sorrisetto che la sa lunga, quell'ironia divertita e dolce, la sua arma per sciogliermi il cuore e la lingua: "Tiziano-iniziai lenta- ma …..ecco…sono due anni che ci frequentiamo, i miei genitori vorrebbero perlomeno conoscerti, sapere che faccia hai, eh…."
Mi interruppe, cambiando espressione, come se si ricordasse d'improvviso di essersi dimenticato le chiavi a casa. Allora fui io a prendere il sopravvento e a protestare, a pretendere chiarezza.: "Si direbbe che improvvisamente

tu ti sia ricordato di aver dimenticato le chiavi di casa! E' questo per te il nostro rapporto? Un paio di chiavi, un oggetto, no, forse un week end la settimana, una zona franca, una tana, un sottoponte….". Non mi rendevo conto che la mia voce diventava sempre più acuta e stridula, ancora un po' e avrei avuto una crisi isterica. D'un tratto sentii la sua mano sulla mia bocca e la sua testa si abbandonò sulla mia spalla. Rimanemmo così per un tempo abbastanza lungo. Questo gesto supplichevole, arrendevole, mi fece sbollire gli spiriti che mi si agitavano dentro, il mio cuore rallentò la sua corsa. Tutto si ricompose, tranne lui, che adesso mi sembrava stanco, prostrato. Fui io allora a chiedergli: "Cosa c'è, hai qualche problema? Dimmi, parla, lo sai che con me puoi parlare di tutto"-"Lo so" mi rispose. Finalmente si staccò da me, e riacquistò la sua sicurezza: "Non credere non abbia pensato a quello che mi dici. Tu non sai, ma…ho fatto progettare una casa per noi a un mio amico architetto. Adesso è in costruzione, in una zona un po' decentrata ma circondata dal verde. Ti piacerà. Spesso non sono in servizio, per seguire la squadra di muratori che si occupa dei lavori. Ti confesso che dò una mano volentieri. Sai, da ragazzo ho fatto anche il muratore, sono pratico. Ecco…non volevo dirtelo volevo farti una sorpresa". Il silenzio del crepuscolo ci interruppe. Adesso l'aria era davvero fredda: "Andiamo in macchina?" mi disse, tremando come me. Non me lo feci ripetere due volte: "Certo!". Ci avviammo a testa bassa verso la sua Punto azzurra, che fortunatamente aveva parcheggiata all'ingresso del bosco. Una volta dentro, dopo essere partiti, accese subito il riscaldamento. E' bello il tepore dell'aria calda su un corpo infreddolito! Accogliente come il letto quando sei stanco fin dentro le ossa, e ti abbandoni

come un corpo morto. Quante volte mi era successo!
Abbandonarmi sul letto dopo una giornata faticosa.
Doveva essere successo anche a lui, soprattutto a lui, che
penso stancasse il suo corpo molto più del mio, facendo
comunque un lavoro pesante rispetto a me che andavo
ancora avanti e indietro per cercarmi un lavoro. In pratica
lavoravo per cercar lavoro. La strada verso casa sua, in
macchina non era lunga. Arrivammo in un quarto d'ora.
Tiziano era molto pratico a scansare tutto. "Anche il
traffico", pensai.

I due giorni che passai a casa sua, furono come al solito scanditi dai momenti indimenticabili a cui Tiziano mi aveva abituato. Perché interrompere il suono di questo magico strumento? Perché dare nomi, fissare date. Volontariamente o involontariamente, non so, nessuno dei due toccò l'argomento che avevamo lasciato in sospeso. Lui aveva capito e anche io non volevo creargli stress ulteriori. In fondo perché seguire un programma. Non è più bello accogliere qualcosa quando meno te lo aspetti? Non mi aspettavo niente. Carpe diem.

Il lunedì mi aspettava la solita routine. La mia vita si riduceva a un tempo che aspetta tempo. I miei genitori avevano trovato una sana autonomia da me, benchè condividessimo la stessa casa, mi rendevo conto che il tempo passava. E insieme al tempo quelle conversazioni a cuore aperto. Quando i ruoli cominciano a delinearsi, a prendere forma, a occupare uno spazio protetto, capisci che il cuore di bambina aggrappato alla tua mano, ti lascia, torna indietro, e va "là dove è necessario che vada". Ma probabilmente tutto questo avveniva nella mia testa. Ero io che stavo cambiando rispetto agli altri. I miei affetti veri, erano sempre lì, si esprimevano con le stesse parole, ma li percepivo diversamente. Molte cose che mi passavano davanti agli occhi, mi sfuggivano. Camminavo a due metri da terra. Una sensibilità nuova mi rendeva in grado di ascoltare cose che prima passavano inosservate. Tra queste il colore dell'alba mattutina, lo sbadiglio del giorno quando si sveglia, il volo delle rondini verso il mare. La vita che corre veloce nelle città oppresse dallo smog. La processione dei giovani laureati come me senza lavoro, che facevano la fila ogni qualvolta uno straccio d'illusione li faceva correre a spendere le loro speranze e il loro tempo vuoto ad aspettare una mano del destino, o una mano in carne ossa di qualcuno. Che grazie all'intercessione di un Santo in Paradiso, li salvasse dal girone infernale dei disoccupati. Un giorno, uno di questi Santi si scomodò dal Paradiso, per venire a bussare alla mia porta. Non mi aspettavo la sua venuta, sicuramente sollecitata da una persona che mio padre conosceva molto bene. Mi offrii un lavoro presso un'agenzia turistica. Il mio compito era di andare a prendere all'aeroporto di Fiumicino, gruppi di turisti, e guidarli con un pullman dell'agenzia, fino all'albergo. Occuparmi della loro sistemazione, controllare che tutto andasse bene e i giorni successivi, accompagnarli nelle uscite in pullman e a piedi. Di solito il pullman ci lasciava in un posto strategico della città, e tornava a riprenderci dopo due tre ore. Il tempo per passeggiare e ammirare le bellezze monumentali, a passo d'uomo. Purtroppo non disponevamo di una guida, perciò il gruppo tendeva a disperdersi più facilmente. Il mio ruolo consisteva proprio nel controllare che nessuno si smarrisse. Tutto sommato non potevo lamentarmi del lavoro: mi dava la possibilità di conoscere gente straniera, che sicuramente non avrei rivisto più. E a me quest'idea piaceva. Mi rendeva più affabile e gentile. Coltivare i rapporti umani è sempre stata una mia priorità, indipendentemente dal lavoro. Scriveva Garcia Lorca che anche l'amore è un lavoro. Se così è, allora anche lavorare vuol dire amare. Però un amare nato per essere ricordato. E mai vissuto. Per guardare le stelle è necessario fermarsi. Ma la vita non è solo qui, è anche altrove. Quell'altrove dove non sarei mai arrivata, forse sarebbe più corretto dire, **quell'oltre** dove non sarei mai arrivata se non avessi conosciuto te, Tiziano.

Dopo sei mesi, l'agenzia mi informò che almeno per la stagione invernale, non avrebbe ricevuto gruppi di turisti. E quindi non avevano bisogno di una accompagnatrice turistica. Mi proposero un corso di formazione per imparare l'inglese e un uso più esperto dei programmi informatici. Accettai con entusiasmo. Eravamo alle soglie del Natale, le mie giornate passavano tra il corso di formazione, i fine settimana a casa di Tiziano e gli sms che ci scambiavamo quando non eravamo vicini. Mi sorprendeva l'indifferenza di Tiziano quando gli raccontavo del mio lavoro. Sembrava non dargli peso. Ero arrivata al punto da non toccare più questo tasto con lui. Mi confidavo con un'amica conosciuta in occasione di un giro turistico. Avevamo simpatizzato subito. Anche lei abitava a Napoli e aveva più o meno la mia età. Ogni tanto ci telefonavamo, quando avevamo novità interessanti da raccontarci, o anche solo per ammazzare la noia. Ne avevo parlato con Tiziano di questa nuova amicizia, ma allo stesso modo non mi sembrò entusiasta, direi addirittura geloso. Mi infastidiva un po' questo suo atteggiamento. E glielo manifestai se non a parole, con le azioni. Mi dimostravo più fredda, distante quando mi telefonava, le nostre conversazioni avevano perso di freschezza. Un giorno me lo ritrovai fuori la scuola dove si teneva il corso. Mi veniva incontro, con un espressione triste. Mi parlava, evitando il mio sguardo. Avevo capito. Gli sorrisi e l'abbracciai affinché la sua tensione si sciogliesse. E così fu. Gli uscì una risata liberatoria, mi strinse forte le mani, guardandomi fisso negli occhi. Era commosso. Una lacrima trattenuta a lungo, non voleva scendere su quel volto serrato. Quando gli accarezzai la guancia, il suo pianto si sciolse. E fu costretto a stringere gli occhi per far scorrere le lacrime tutte insieme. Anche lui mi aveva capito adesso. E le difficoltà che provava prima ad affrontare certi argomenti, le aveva superate. Una domenica qualunque, mentre passeggiavamo mano nella mano, lungo il mare, mi disse: "Sappi che sono geloso di tutto ciò che ti riguarda, ma questo non deve impedirti di vivere, di avere amiche, di lavorare. Ricordalo. Paola. E perdonami se sono stato egoista". Sorrisi a questa grande dichiarazione d'amore e gli strinsi la mano più forte, guardandolo come forse mai avevo fatto. La nostra storia stava crescendo. E anche noi con lei.

Un sabato sera, Tiziano, mi preparò una cena a lume di candela. Fu molto bravo a organizzare il tutto, a non farmi intuire niente prima, non si tradì nemmeno con un impercettibile gesto. Ormai lo conoscevo a memoria. Almeno all'epoca lo credevo. I suoi gesti, la sua mimica, tutta la vasta gamma di sorrisi, mezzi sorrisi. E i suoi occhi poi…erano per me una finestra sull'infinito. Io ero un riflesso che nuotava nella loro immensità. Mi venne a prendere come al solito sotto casa con la macchina, alla solita ora. Di comune accordo, decidemmo di andare al cinema. Dopo il film, prendemmo un caffè al bar, commentando la storia, la recitazione, la colonna sonora ecc…Il film in questione era "Evita", con Madonna nel ruolo di Evita Peron. Tra una considerazione e l'altra, trascorsero due ore. Quando guardai l'orologio era molto tardi, e il mio stomaco, per quella sera, si era già rassegnato a rimanere al digiuno. Tiziano, che doveva aver intercettato i miei pensieri, anzi quelli del mio stomaco, con quella calma fascinosa, avvicinò il suo volto al mio, mentre con un braccio attirava l'attenzione del cameriere, sussurrandomi: "Ti accontenterai di mangiare solo me stasera?". Gli risposi con un lieve bacio promettente, ma enigmatico. Arrivati a casa sua, tutto era in ordine come al solito, ma nell'aria sentivo una novità, un non so che di novità…I miei pensieri distratti, furono di colpo interrotti

27

dalla sua voce calda: "Chiudi gli occhi e dammi la mano. Lasciati guidare da me". Obbedì con gioia. "Adesso puoi aprire gli occhi". Quando li aprì vidi accostata al balcone, una tavola apparecchiata per due. Una candela rossa troneggiava al centro della superficie tonda. Accanto alla tavola, un porta-vivande ben guarnito. Non potevo crederci! Tiziano aveva preparato una cena a base di piatti francesi, i miei preferiti. Come antipasto una quiche lorraine, a seguire un piatto di carne fredda con contorno di patate. E per finire una scelta di formaggi. Perfino la crostata di mele aveva preparato! Il tutto innaffiato allo Champagne francese. Che tesoro pensai! Quest'uomo è una miniera di sorprese e di raffinatezza! E la cosa più bella è che lo amo! Quando facemmo il primo brindisi, ci guardammo profondamente negli occhi. Credo ognuno di noi cercasse una spiegazione da dare a questi momenti magici. Ma la felicità è inspiegabile. Avevo paura a darle un nome. Avevo paura perfino di chiedere a Tiziano se e quanto mi amasse! Sapere è tradire.

Io e Tiziano ci completavamo ogni giorno di più. Ma non eravamo uguali, tutt'altro! Lui dava importanza ai rituali, ai simboli. Per esempio associava una cena preparata con particolare cura a un significato importante. Era logico, conoscendolo, aspettarsi una rivelazione, una proposta o una decisione, dopo una cena così "solenne". Mi accompagnò sul divano, mi prese delicatamente le mani e mi guardò negli occhi, come faceva di solito quando stava per dirmi qualcosa di importante: "Tesoro, la nostra casa è pronta per riceverci. Vuoi venire a vivere con me? Insomma, sì essere la mia compagna di vita?" Io cercai di sdrammatizzare l'atmosfera. Mi piacevano questi rituali, ma a volte mi pesavano un po', come se gravassero di responsabilità un bel momento Ero tra l'altro un po' ebbra di Champagne, perciò non la smettevo di ridere. Le mie parole e i gesti erano scoordinati e intanto piano piano mi sentivo invadere dal dolce tepore del sonno che improvvisamente mi rapii facendomi precipitare come un corpo morto tra le braccia di Tiziano. Rimasi immobile con la testa sul suo collo per più di un paio di minuti. Quando lui si alzò con me in braccio avvertii il movimento ma non mi svegliai. Mi portò nella sua camera e mi adagiò dolcemente sul letto. Poi andò via chiudendo la porta. Dopo poco caddi in un sonno profondo

"Sveglia, ehi sveglia, dormigliona". Tiziano mi aveva tolto il cuscino sotto la testa e mi prendeva a cuscinate. Ridendo e prendendomi in giro. –"Ma ..sì, sì ho capito. Sapessi che mal di testa che ho!"-"Ti sei bevuta mezza bottiglia di Champagne, ieri sera, vorrei vedere!". E giù a sfottermi quel prepotente!" Poi si fermò ansimante, e mi chiese premuroso: "ce la fai a sopportarlo il mal di testa. Oppure ti prendo una compressa?" –"Voglio dormire ancora un po', lasciami!"-"Ma Paola è mezzogiorno!" Non terminò nemmeno la frase che si arrese. Tirò giù di nuovo le tapparelle della finestra e usci fuori dalla stanza.

Quando il lunedì mattina Tiziano mi accompagnò a casa, prima di salutarmi con un bacio, mi chiese se io ritenessi giusto che lui parlasse con i miei genitori da vicino, a proposito del nostro progetto di vivere insieme. "Santo cielo!" esclamai, come se davvero volessi chiedere soccorso al cielo. A qualcuno di superiore, che mi facesse dono di una luce per districarmi nei labirinti di Tiziano!

"Ma ti ricordi, o no? Da quant'è che ti sto proponendo questa cosa. Sì forse non avrò insistito più di tanto. Ma se non l'ho fatto è stato per rispettare i tuoi tempi, non volevo in alcun modo traumatizzarti, tesoro mio!". E tu adesso dopo due anni che ci frequentiamo ti ricordi dell'importanza di mostrare la tua faccia ai miei genitori. E me lo dici, in macchina, durante quel breve tratto che trascorriamo insieme, prima che mi accompagni a casa. Avevi tanti week end a disposizione per farlo. E invece no! Lo fai adesso! Di fretta, in macchina, in mezzo al traffico di gente che vanno a lavorare e che se ti azzardi a fermarti ti riempiono di improperi, impazienti come sono! Intanto siamo arrivati nei pressi di casa mia ti prego accosta e fammi scendere. Vorrei che questo discorso lo facessimo prima da soli, io e te, prima di coinvolgere i miei genitori. Ok?"-"Come vuoi tu! Ma adesso. scendi in fretta ché non posso fermarmi troppo". Mi guardò tra l'ironico e il malinconico, vedendomi scendere, seguendomi con lo sguardo, fino a che una macchina non si frappose tra me e lui, squarciando questo momento di intimità. E quel rumore insopportabile del clacson usato come uno sparo, ammazza le parole, gli sguardi, il tempo per vivere!

Appena tornai a casa, raccontai a mia madre, la cena che Tiziano mi aveva preparato, le parlai della casa dove saremmo dovuti andare a vivere e del suo desiderio di conoscere lei e mio padre. La prima cosa che mia madre disse: "Ma come, vai a vivere con un uomo senza che lui ti chieda di sposarlo?" "Ma il matrimonio è solo una formalità!" le risposi di riflesso più che per convinzione.- "Già così come è una formalità che il tuo fidanzato, conosca i genitori, della ragazza con la quale ha una relazione da due anni, no?". L'ironia sarcastica di mia madre francamente aveva la sue ragioni. Cosa avrei potuto obiettare a questo! Mi riuscì di dirle la verità o forse la menzogna che mi ero raccontata perché l'accettassi come verità. "Sai mamma Tiziano è molto timido, e poi essendo uno spirito libero, veramente sottovaluta certe cose". -"Va bene, è inutile discutere con chi è innamorata. Pretendo però, che una visita venga a farcela. Non temere niente terzo grado. Ma guardare una persona negli occhi sarà più rassicurante per me e tuo padre". –"Infatti stavo per dirtelo, mamma, Tiziano, è stato lui stesso a propormi di voler parlare con voi prima che andremo ad abitare la nostra nuova casa"-"Va bene", disse con un'aria titubante, mia madre, ma si vedeva che la sua più grande speranza, era vedermi e sapermi felice.

Frequentavo il corso di informatica e inglese il lunedì e il mercoledì, nel primo pomeriggio, da ormai un mese. Capitava a volte si facesse più tardi del solito. Quando finivamo alle otto di sera, Luigi il più simpatico e divertente del gruppo, era sempre il primo a proporci una pizza. Alcuni accettavano, quelli che abitavano nelle vicinanze, altri, siccome venivano da paesi fuori Napoli, erano costretti a rifiutare. Io facevo parte di quelli che accettavano. Perché no? Oltre a Luigi si univano, una coppia: Francesco e Susanna e un altro ragazzo, Antonio, anche lui molto socievole. Dopo la pizza, ognuno prendeva la sua strada, Luigi insisteva per accompagnarmi fin sotto il palazzo. Quando conversando del più e del meno, gli dissi che avevo un compagno e che presto sarei andata a vivere con lui, il suo sguardo cambiò. Anche le attenzioni che prima mi riservava, non avevano lo stesso trasporto. Senza volerlo, o chissà inconsapevolmente lo volevo, interruppi qualcosa. Ma se quel qualcosa avrebbe potuto causare in lui sofferenza, fui contenta di aver messo la mano sull'interruttore emotivo giusto in tempo. Non persi fortunatamente la sua amicizia e la sua stima. E questo mi dava molto sollievo. Io e Luigi, eravamo molto simili per temperamento. A volte mi immaginavo come sarebbe stata una storia d'amore con lui. L'unica risposta che seppi darmi era che sicuramente sarebbe piaciuto ai miei genitori e non solo per il suo essere trasparente, per niente complicato, ma anche perché era un architetto, un buon partito quindi. Cosa che chissà perché rassicura di più la famiglia. Come se dietro rispettabili professionisti, non potessero nascondersi dei mostri!

Il sabato sera, io e Tiziano lo trascorremmo a casa sua, benché non mi avesse preparato nessuna cenetta francese. Fu una serata carica di silenzi, di cose non dette. Non avevo fame di parole, d'aria, di cibo. E neanche lui. Per tutta la notte fino quasi all'alba, ci mangiammo entrambi sul suo letto, come due selvaggi, ci nascondemmo nella giungla della passione, chiudendo la porta alla finta vita che eravamo costretti a interpretare ogni giorno.

Una violenta pioggia, di quelle scandite al ritmo di lampi, tuoni, vento che sbatteva contro i vetri, mi svegliò di soprassalto. La sveglia sul comodino segnava le dieci. A giudicare dal colore plumbeo del cielo, era la mattina di una domenica rabbiosa. Dietro la tendina della finestra avevo l'impressione che un occhio rilucente di luce sporca, mi guardasse severo. La stanza era quasi al buio. Mi sembrava strano Tiziano dormisse ancora. Non volevo svegliarlo. Andai in cucina per vedere se c'era qualcosa da cucinare. Il frigo era ben fornito. Anche i mobili della cucina erano pieni di provviste. "Un tipo molto organizzato", pensai. Involontariamente il mio pensiero volò a Luigi. Non sapevo perché! Per scacciare questo pensiero, preparai velocemente la colazione. Pensai: "gli farà piacere essere svegliato con la colazione a letto". Sul grande tavolo della cucina, avvistai anche il vassoio adatto per disporci piatti e bicchieri. Ancora una volta mi sorprese questa organizzazione così meticolosa per un uomo. Ma la cosa mi fece sorridere stavolta. Intanto avevo preparato tutto: la spremuta d'arancia, il caffè, le fette biscottate, il burro e la marmellata. Misi tutto nel vassoio, cercando di dare una disposizione armonica e mi diressi nella stanza di Tiziano. Si era appena svegliato. Lo capì dalla posizione in cui stava: con una mano si stropicciava un occhio e con l'altra, mi cercava, tastando il posto vuoto accanto al suo. Quando mi vide apparire con il vassoio della colazione, non trattenne un sorriso tra lo stupito e l'imbarazzato. Mettendosi a sedere con i gomiti sul letto, mi ripeteva: "Ma no, non dovevi. Davvero Paola, non dovevi!" Capì che era un modo per dirmi che lui a certe attenzioni non c'era abituato. –"Le cose si fanno quando si sentono, no? Me lo dici sempre….."-"Vabbè", mi interruppe "vediamo con cosa hai intenzione di avvelenarmi stamattina!". –"Ma perché non mi prendi mai sul serio?".-"Pensi questo?". Lo disse facendo uno strano movimento con gli occhi che non capì. E non cercai di capire il limite tra il suo prendermi in giro e il suo dirmi e non dirmi.

Consumammo entrambi la colazione nella stanza semioscura, in silenzio. Ogni tanto ci lanciavamo qualche sguardo, più che altro ci spiavamo, senza un perché, come fanno di solito due persone che mangiano a distanza molto ravvicinata. Quando fu sazio, non mancò di farmi notare una mia debolezza: "E' la prima volta che prendi un'iniziativa!". Avrei voluto rovesciargli il vassoio in testa

per la "delicatezza". Pensavo: Prima a fare il pudico,
l'imbarazzato, il timido, poi mi caccia le unghie
questo...Intanto mi ero alzata e gli davo le spalle perché
non si accorgesse del mio bollire dentro per la collera. Ma
lui a quanto pare non aveva finito con le sue provocazioni.
Posai il vassoio per terra e mi girai di scatto a guardarlo
con aria di sfida, pronta ad affrontarlo. Da non credersi, lui
era disteso con le mani dietro le nuca, con quel sorrisetto
da macho, le gambe incrociate. Mi mostrava tutta la sua
nuda bellezza come un insulto invitante. Come un re
guarda la sua cortigiana, mi guardava. Ma lui non era un re
né io una cortigiana. Quest'idea mi provocò un senso di
solletico. Era così fuori luogo, insensata.
Intanto il sole ammiccava timido dietro la finestra e la mia
collera di donnetta isterica. si sbollì: "Le cose si fanno
perché si sentono, no?", mi ripeteva una vocina dal
profondo. Ed era questa l'unica verità di quella domenica
uggiosa. Anche il mio scarso spirito d'iniziativa era vero.
Tiziano mi scopriva come nessuno aveva fatto mai. Contro
di lui non potevo difendermi, contro la sua capacità di
mettere a nudo i segreti custoditi da una vita. A volte mi
dicevo divertita: era un amante psicologo. A pensarci non
è questo quello che le donne desiderano più di ogni altra
cosa nel rapporto di coppia? Passione e comprensione. E di
questo onestamente, non potevo lamentarmi. Il mio
malumore nasceva, quando nasceva, in quelle occasioni in
cui sentivo e capivo che per lui ero un diario scritto con i
miei comportamenti, da quelli più banali a quelli più
straordinari. Mi piaceva e non mi piaceva appartenere così
a qualcuno, come essere un suo prolungamento. Tutto ciò
era una minaccia per la mia autonomia. E questo alla lunga
può diventare molto pericoloso per la propria dignità di
donna, ma di essere umano innanzitutto. E poi....è giusto

lasciarsi andare così..., in balia di un vento caldo, respirare la dolce frescura di un piacere ignoto? Si, perché lo amavo, ignorando cosa fosse l'amore. Nulla dovrebbe essere costruito sulle basi dell'ignoranza. Questo è un esercizio da acrobati della vita, adatto per chi si esalta a fare capriole attraverso cerchi di fuoco. Io come molti sognatori amavo l'imprevedibilità, il buio di un segreto da svelare. Scendere nelle profondità silenziose con la speranza di risalire. E se non ci fossi riuscita? A risalire intendo! Cosa sarebbe rimasto della mia vita? Un sogno solo, come un anatroccolo in una palude. Le emozioni sconosciute sono cavalli impazziti. Il loro destino è quello di correre verso la morte.

Ma perché Tiziano non continuava il discorso che aveva iniziato qualche giorno fa? Aveva parlato del suo desiderio di conoscere i miei e di andare a vivere insieme. Possibile se ne fosse dimenticato? "Avrà cambiato idea?", mi dissi. Una sera della settimana successiva, con mia grande sorpresa, tra le altre cose che solevamo dirci nei pochi minuti delle nostre telefonate giornaliere, mi chiese: " Posso passare sabato a casa tua, per parlare con i tuoi dei nostri progetti?". –"Certo" gli risposi, con una voce da aliena. Ormai mi ero abituata alle sue proposte improvvise. Al suo modo di essere oscillante tra una fulminea creatività e un'organizzazione ritualistica delle cose. Era attentissimo e preciso, ci teneva a predisporre gli ambienti, e le situazioni, tutto ciò che avesse una funzionalità efficiente, pur di tenere sempre la situazione sotto controllo. Lui era un enigma irrisolvibile. Un mistero impenetrabile. A stargli dietro mi girava la testa. A dire il vero, gli bastava guardarmi per farmi mancare la terra sotto i piedi. Nonostante le nostre conversazioni, a volte pacate, altre più infiammate, non ero riuscita a capire l'essenziale di lui. Quello che lui invece aveva capito di me. Mentre ero persa in queste mie riflessioni, mi riportò alla realtà la sua voce: "Ehi, ma ci sei? Non so, mi sembri un po' assente!"- "No, Tiziano, scusa, sai che sono lenta a elaborare una notizia nuova"- "Comunque non è una notizia nuova, lo sai da tempo, che volevo conoscere i tuoi genitori. A volte mi sembri una bambina. Vabbè lasciamo cadere quest'argomento, sennò ti offendi.

Allora, a che ora, posso venire?"- "Parlerò con i miei e ti farò sapere…" risposi con un tono burocratico.

Finalmente arrivò il fatidico giorno. Tiziano con una puntualità svizzera bussò alle cinque come avevamo concordato, alla porta di casa dei miei genitori. Fu mia madre ad aprirgli con un sorriso cordiale e accogliente. Lui impacciato, sotto l'arco della porta, elegantissimo come non lo avevo mai visto: pantaloni di panno blu scuro, e pullover di caschemire color panna. Sul gomito sinistro aveva poggiato il cappotto delle grandi occasioni. Nella mano destra stringeva tremante una confezione regalo. Mi avvicinai per trarlo in salvo da questo momento di imbarazzo: "Ciao Tiziano, ti presento mia madre. Mamma lui è Tiziano". Dopo i convenevoli delle presentazioni, "Il mio cavaliere senza cavallo", porse a mia madre il regalo. Accompagnando il gesto con una frase sincera: "Spero le piaccia, signora. Mi auguro ne farà grande uso". Si interruppe per deglutire, prima di continuare: "Avrei voluto portarle fiori, ma non conoscevo i suoi preferiti…".

"Ma è un vaso bellissimo, per il colore, la forma. Complimenti Tiziano hai buon gusto, e grazie!", esclamò mia madre. Quella scena, a dire il vero, mi sembrava troppo démodée, ottocentesca. Definirla ipocrita sarebbe sottovalutare l'emozione di mia madre, la timidezza di Tiziano, che conoscendolo, doveva aver fatto un grande sforzo per comportarsi da fidanzato modello. Addirittura il vestito nuovo, il regalo a mia madre, i complimenti per l'arredo della casa ecc.. E continuò così per tutta la serata. Mio padre ci raggiunse a ora di cena. Non so, ma avevo notato in lui, una certa diffidenza quando strinse la mano di Tiziano, sorridendogli forzatamente. Lì per lì questo suo atteggiamento, lo attribuì a una suo personale stato protettivo nei miei confronti. Era la paura di tutti i padri quando stringono la mano dello sconosciuto amato dalla propria figlia. Col senno di poi, ho dato un'interpretazione completamente diversa di quel suo disagio. Fu comunque una bella serata: cordiale, sincera. Conversammo tutti amabilmente come amici. Si parlò naturalmente e soprattutto anche di cose concrete. Del nostro futuro di coppia. Della casa dove saremmo andati ad abitare. Del matrimonio civile che ci avrebbe uniti. Su questo argomento, intervenni, piuttosto decisa: "che fretta c'è. Abbiamo tante cose da fare. Io devo traslocare, abituarmi a convivere con te. Non fissiamo troppe date". Tiziano mi guardo con l' aria di chi conosce i suoi polli, e si limitò a sorridermi, come faceva spesso quando mi vedeva sotto pressione. I miei genitori discretamente non intervennero in una decisione che riguardava solo noi. La cosa mi sollevò, non perché non me l'aspettassi, ma si sa, le aspettative di un padre e di una madre riguardo la propria unica figlia, possono non coincidere con i desideri della figlia. Tutti i miei dubbi furono dissipati, quando tutti insieme facemmo un brindisi alla nostra felicità.

Mi aspettava una nuova vita, una nuova casa, e questo mi
dava entusiasmo, energia per affrontare i cambiamenti. Nei
giorni seguenti riempii un paio di valigie con i miei vestiti,

e i miei effetti personali. Era tutto quello che per il momento mi serviva per installarmi in una nuova dimora. Il giorno della partenza, Tiziano venne a casa mia per aiutarmi a caricare le valigie nella sua macchina. Non mi sono mai piaciuti i saluti, perciò quando mi congedai dai miei, cercai di assumere l'atteggiamento di chi va a fare una passeggiata e poi torna. In fondo mi trasferivo a Napoli, in una zona più decentrata, ma facilmente raggiungibile. E poi Tiziano aveva già fatto installare tutto: luce, telefono e tutto ciò di indispensabile perché una casa fosse abitabile.

Dopo circa mezz'ora di macchina arrivammo a destinazione. Entrammo superando un cancello e ci ritrovammo in uno spiazzale per il parcheggio auto. Appena scesa dalla macchina respirai un'aria più pulita, davanti a me una palazzina bianca di tre piani. "la nostra abitazione è al terzo piano". disse Tiziano con le mie valigie in mano. Si vedeva che era tutto nuovo, e anche all'interno, nell'androne della palazzina, tutto luccicava: le cassette delle lettere, l'ascensore, le scale, la ringhiera alla quale appoggiarsi. Salimmo con l'ascensore, per le valigie. Arrivati al terzo piano, il pianerottolo era più lungo che largo. Dietro un'anonima porta marrone, mi aspettava il mio regno di donna felice. Il mio promesso sposo, come in tutte le belle storie che si rispettino, mi aveva pregato di rimanere fuori, il tempo che lui si liberasse le mani delle valigie e controllasse fosse tutto a posto. Nel frattempo, mi guardavo intorno, era evidente in ogni dettaglio fosse tutto nuovo, dalla tromba delle scale, alla verniciatura delle mura, perfino quel silenzio significava quello stupore muto che ci accoglie ogni qualvolta arriviamo in un luogo o mai visto prima e perciò lindo e fresco. Però a pensarci, mi sembrava strano che quella palazzina non fosse abitata.

41

Tiziano mi parlò di un condominio, e poi perché salendo mi aveva detto: "Noi siamo al terzo piano?" Chi abitava gli altri piani? Domande che naturalmente, mi sembrava indelicato fargliele, in un giorno così…e poi sicuramente l'avrei scoperto col tempo. Intanto sentivo i passi di Tiziano venire verso di me. Con un inchino di riverenza mi invitò a entrare, e mi consegnò in modo altrettanto formale le chiavi di casa. "Spero sia di suo gusto mia signora", disse con la sua abituale timidezza ironica. Lo conoscevo proprio bene: questo era un altro dei suoi riti e malgrado la sua ironia sapevo quanta importanza avesse per lui il fatto che mi piacesse o meno quella casa sulla quale aveva investito non solo soldi, ma la sua vita legata alla mia. Lasciò che fui io a scoprirla da sola, non mi indicò niente, mi stava dietro, seguendomi, forse cercando di leggere dal mio modo di muovermi le sensazioni di piacere o di dispiacere. Sarà stata l'ora, era quasi mezzogiorno, ma la luce filtrava dappertutto, si posava anche sugli oggetti. La luminosità tepida di un sogno mi accompagnava nelle stanze, arredate in modo funzionale. Prima visitai la cucina. Era spaziosa. Con un lungo tavolo rettangolare al centro, le sedie dello stesso colore, poste alle due estremità e altre due ai lati opposti centrali. E' incredibile! Pensai tra me e me, non ha dimenticato nulla: il lavello, il frigo, la lavatrice, i mobili per conservare gli alimenti. Apro quello sopra al lavello e ci vedo disposto un servizio di piatti, bicchieri e tazzine. Come farò? A casa mia, non ho mai cucinato, messo la lavatrice, insomma non sono mai stata quel che si dice una donna di casa. Il mio compiacimento si alternava a preoccupazione. Tanto che temevo mi sfuggisse qualche dettaglio, che non mi rendessi conto di qualcosa, rivelando così tutta la mia ignoranza in fatto di casa. Tiziano continuava a non parlare, io non osavo girarmi per guardare che espressione avesse. Poco di fronte alla cucina scorsi una bella stanza, il soggiorno. Era davvero confortevole solo a guardarlo. Un bel divano di pelle o così mi sembrava, era appoggiato alla parete più grande. Istintivamente mi sedetti come per provare la sua morbidezza. Finalmente potevo lanciare uno sguardo a Tiziano e fargli un sorriso. Aveva le braccia conserte e uno sguardo colmo di tenerezza. I nostri occhi si incrociarono in un attimo di complicità. E insieme si posarono sul tavolo tondo al centro della stanza, sulla Tv posta su un mobiletto più largo che lungo, di fronte al divano. La parete dietro il tavolo era nuda. "Lo sceglierai tu il mobile da mettere, ti fa piacere?", mi chiese come se conoscesse già la mia risposta. Il mio sguardo fu rapito dalla balconata che si intravedeva dietro la vetrata quadrata. Uscì fuori per guardare la vista. Si vedeva il cortile, il cancello, e in lontananza il Vesuvio. Quella era la mia stanza preferita. Tiziano come se mi avesse letto nel pensiero, mi prese la mano, per guidarmi lungo il corridoio: "Questo è il bagno". Lanciai un'occhiata veloce. Mi colpì però che non c'era la vasca ma la doccia chiusa dalle tendine Proprio come nelle case moderne, pensai. In fondo c'era la nostra camera da letto. La carta azzurra che rivestiva le pareti, la rendeva così riposante e accogliente! E poi come tutto il resto della casa, era ammobiliata ad arte. Il letto matrimoniale, sormontato da una spalliera di legno molto pregiato, così come anche i bordi laterali e i piedi del letto. Adiacente ai due posti letto, due comodini con cassetti. Un armadio a specchio di fronte, grande quasi quanto un guardaroba, copriva tutta una parete. Tiziano saltò, sdraiandosi sul letto, invitandomi a raggiungerlo. Mi gettai tra le sue braccia; credo avevamo entrambi voglia di fare l'amore, per inaugurare il nostro nuovo regno. Poi mi

43

ricordai: "Non ho visitato la stanza degli ospiti, di cui mi avevi parlato"-"Avrai tutta la vita per farlo e…"-"E…cosa?"-"Promettimi che in questa stanza entrerà solo la felicità". Gli risposi come sapevo fare, quando mi stringeva parlandomi così. In questi momenti il linguaggio del corpo è più vero di qualsiasi parola.

Adesso la mia vita era realmente cambiata. Dovevo portare una casa avanti, praticamente da sola. Tiziano, si alzava molto presto per andare a lavorare. E io con lui. Gli preparavo la colazione e la merenda per il pranzo. Lui prima di uscire mi lasciava i soldi per la spesa e per altre cose avrei voluto comprare. I primi tempi furono duri per me. Mi riusciva difficile comprare tutto ciò che occorreva in una casa. A volte mi succedeva di passare ore nel supermercato che si trovava non troppo lontano da casa. E quando tornavo a casa mi rendevo conto che quello che avevo comprato o non bastava, o era superfluo. Chiesi l'aiuto di mia madre, che non si fece pregare due volte per correre da me. La zona in cui mi trovavo era fuori dal

centro, ma comunque ben collegata. C'era un pullman
dalla stazione che fermava proprio sotto casa.
A mia madre piacque molto l'appartamento, credo non le
dispiacesse nemmeno la mia nuova vita di casalinga.
Quella mezza giornata che venne da me, andammo insieme
al supermercato. Comprammo i prodotti che servivano per
la casa, e gli alimenti che non dovevano mai mancare. A
casa mi insegnò ad usare la lavatrice, a pulire il bagno e
per la cucina, mi disse che non me la cavavo male tra i
fornelli. Pranzammo insieme un piatto preparato da me.
Ma sentivo, voleva dirmi qualcosa che non osava dire.
Infatti non mi disse nulla. Andò via verso le quattro del
pomeriggio. L'accompagnai fino alla fermata del pullman.
Ci salutammo sapendo che ci saremmo sentite per telefono
quasi ogni giorno. Credo che questo pensiero
l'accompagnò serena durante il tragitto di ritorno.

Il lavoro in casa mi prendeva talmente che avevo rinunciato a seguire il corso di informatica, con grande disappunto di mio padre, soprattutto, e mia madre. Forse era questo quello che mia madre voleva dirmi quel giorno a casa mia, ma non osò fare. Tiziano fece finta di niente, quando glielo comunicai. Reagì come chi è convinto dell'inutilità di questi corsi. E a parte questo episodio, mai accennava a una mia probabile attività che non riguardasse la casa. Trovare lavoro non era impresa facile, questo era vero, ma scartarne a priori la possibilità, non lo trovavo giusto. Quando gliene parlai direttamente senza troppi giri di parole, lui mi dette una risposta che non mi sarei mai aspettata: "Paola, tra poco avremo un figlio, o non lo vuoi? Fa' passare questo periodo, fino a quando il nostro bambino avrà l'età per separarsi dalla mamma, e poi penserai al lavoro". Cosa rispondere a questo? Io mi sentii saccheggiata dentro, nella parte più intima dei pensieri, come se qualcuno, chiunque fosse, avesse programmato la mia vita senza informarmi. Un figlio? Certo che lo volevo, ma mi sembrava quasi una violenza propormelo così. Allora io, io che avrei dovuto portarlo dentro di me per nove mesi, che avrei dovuto partorirlo, chi ero? Tiziano come al solito intercettò questi miei pensieri bollenti di non so cosa, mi venne vicino, mi accarezzò dolcemente il viso e i capelli, poi mi strinse al suo petto, sussurrando: "Sarai una madre perfetta, quella che ogni bambino vorrebbe". Il suo cuore batteva forte mentre me lo diceva, tutto il suo corpo tremava di emozione, di amore. Come ci si può ritrarre davanti all'amore dell'uomo che ami? "Si, amore mio, sono sicura nostro figlio, sarà il bambino più felice del mondo", lo rassicurai.

Avere un figlio dall'uomo che ami credo sia il massimo della felicità per ogni donna. Me lo confermava anche mia madre, nelle nostre quotidiane telefonate. In lei era forte l'entusiasmo di diventare nonna, e non sapeva nasconderlo. Tra l'altro, mi dicevo, pure questa era una gioia legittima e impagabile per una donna. Sono passaggi naturali della vita. E poi non ero una ragazzina: avevo 31 anni. Non potevo più permettermi di rimandare, soprattutto adesso che stavo con un uomo che amavo e che mi amava. Aveva costruito una casa per noi e non mi faceva mancare niente. L'unico ad avere non so perché delle perplessità era mio padre. Una volta si sfogò e gli uscirono dalla bocca cose secondo me eccessive, perché un conto è un'antipatia, altro è un giudizio netto, tagliente. Me ne accorsi quando per l'ennesima volta lo invitai insieme a mamma a pranzo, era un'occasione anche per vedere la casa che lui non conosceva. Mi rispose che lui non avrebbe messo piede nella casa di quell'uomo, con un tono così alterato e esaltato che ne ebbi paura: "Quello vuole fare di te la sua cameriera. Adesso con l'idea del figlio, domani con un'altra. E intanto non ti ha messo nemmeno l'anello nuziale al dito!". Parole dure e sanguinanti per chi le ascoltava con coinvolgimento. Non avrei mai immaginato mio padre nascondesse questi pensieri, lo intuivo forse, sì, ma tra il detto e il non detto c'è sempre quel margine bianco dove puoi scrivere quello che pensi sapendo di poterlo cancellare. Invece quando qualcosa ti viene detta per quanto vera possa essere, ti rimbomba nella testa come due lati di un tavolo che fai combaciare perfettamente a forza di spingerli l'uno contro l'altro. Non c'è spazio, aria, la compressione non ti dà via d'uscite. Capì dopo quella

frase di mio padre e dal suo tono che non avrei potuto dire
niente a difesa della mia coppia, dei miei sentimenti, delle
mie illusioni. Ne avevo quasi paura: temevo che un'altra
sua parola così dura, avrebbe potuto fare oscillare qualcosa
di profondo dentro me. E questa era l'ultima cosa che
volevo. Mi conoscevo: se avessi dubitato sarei andata in
crisi, e insieme ai miei sogni mi sarei spezzata pure io.
Il giorno successivo, con mia grande sorpresa, mi telefonò
Luigi: "Ciao Paola, scusa, forse disturbo, come stai?-
"Luigi! Ma che disturbo, mi fa piacere sentirti". –"E sei
sparita così…poi è stato un peccato tu abbia lasciato il
corso"-"Si, hai ragione su tutto, ma sai sono stata
veramente travolta dagli eventi". Continuammo a parlare
del corso di informatica, della sua effettiva utilità ai fini di
un lavoro, di quelli che come me avevano smesso di quelli
che avevano continuato. Era rilassante parlare con lui.
Luigi da sempre mi aveva comunicato oltre le parole
un'attenzione delicata, quasi timida, ma presente. Fui io a
proporgli: "Ma perché non mi vieni a trovare uno di questi
giorni, così vedi la casa e magari ti presento Tiziano?". Lui
non se lo fece dire due volte, mi disse subito sì. Fissammo
pure l'appuntamento, prima gli spiegai che pullman
avrebbe dovuto prendere per arrivare a casa mia. Mi mise
di buon umore la telefonata di Luigi. Era come una boccata
d'aria fresca in tanta routine programmata da Tiziano.
Secondo lui dovevo dedicarmi alla casa e fare un bambino.
Le uscite sempre insieme. Cominciavo a scoprire questo
suo lato possessivo, opprimente. Ma conoscendolo non lo
giudicavo duramente come mio padre. Lo attribuivo alla
sua ansia, alla sua meticolosità. Non si possono cambiare
le persone. Far sentire le proprie esigenze questo sì. E io,
anche se non avevo cominciato a farlo, mi sentivo
sufficientemente forte per impormi qualora ce ne fosse

stato bisogno.

L'indomani nel pomeriggio, come concordato Luigi venne a trovarmi. Aveva con sé una busta regalo, che mi offrì, dopo avermi abbracciato e detto che mi trovava bene ed era contento per me. Non ho mai amato le frasi convenzionali, ma penso che in quell'occasione mi comportai proprio come quelle persone di cui prima ridevo per le parole confezionate che usavano in questi casi: "No, non dovevi, ma perché ti sei messo in cerimonia". E accompagnavo queste parole con uno scuotimento della testa, guardando Luigi con quella gratitudine repressa che non vedeva l'ora di uscire. Nella busta c'era una bella tovaglia per tavola. Di quelle che ornano i tavoli dei pranzi o delle cene delle grandi occasioni. Finora non se ne era presentata nessuna, pensavo mentre guardavo ammirata la tovaglia, ma ce ne sarebbero state. Luigi intanto si guardava intorno, compiacendosi per la bella casa e per come era arredata. Quando gli dissi che a tutto aveva pensato Tiziano, cambiò subito argomento. Strano, non mi chiese niente di lui, nemmeno se fossimo sposati. Comunque passai un pomeriggio piacevole in sua compagnia, a chiacchierare del più e del meno, dei nostri compagni di corso, del problema del lavoro. "ti occupi di qualcosa?" gli chiesi. "Sto lavorando per un'impresa che mi ha affidato il progetto di un parco giochi. E tu?"-"Io per il momento voglio dedicarmi alla mia nuova vita, spero presto mi nasca un figlio. Questo è il mio obiettivo principale. Poi dopo vedrò che fare". Luigi era molto attento e premuroso ma altrettanto discreto, non mi avrebbe mai manifestato un suo disappunto riguardante la mia vita. Però quando gli parlavo del mio futuro prossimo, si scurì in volto e mi guardò interrogandomi in silenzio. Avevo capito la sua domanda. Mi chiedeva: "l'hai deciso tu o Tiziano?". Ma non mi fece pesare la sua perplessità, anzi. Tornò a sorridere e a caricarmi di entusiasmo. Gliene fui molto grata. Guardò l'orologio, si rese conto che erano quasi le sette di sera. "Ok Paola si è fatto proprio tardi, devo andare, ma tu promettimi che verrai a trovarmi, così mi aiuti a organizzare una festa con tutti i vecchi amici"-"Sarebbe una bella idea". Luigi si alzò per andarsene. Proprio in quel momento, sentimmo le chiavi girare nella serratura. Era Tiziano che tornava dal lavoro. Dalla faccia che fece, quando gli presentai Luigi, capì che non era affatto contento di vederlo. Forse anche Luigi se ne accorse, perciò scappò quasi. Ci salutò velocemente però non dimenticò di abbracciarmi. Lo accompagnai alla porta e lo ringraziai per la visita. Tiziano era rimasto nel soggiorno, quando lo raggiunsi mi aspettavo un commento, invece niente. Mi lanciò un'occhiata più amara del fiele, poi accese la televisione e si accomodò sul divano in una posizione scomposta, per guardarla. Che tipo, pensai, veramente un orso. Andai senza parlare in cucina per preparare qualcosa da mangiare, senza passione, solo per dovere. A tavola mangiammo in silenzio, evitando di guardarci. Fui io a interrompere questo gelato e pungente silenzio: "Tiziano, tutto bene, hai avuto qualche problema sul lavoro?". –"No, cosa te lo fa pensare?"-"Non mi rivolgi la parola da quando sei entrato, mangi come se io fossi invisibile, forse ce l'hai con me?". Mentre pronunciavo le ultime parole sentivo salirmi in gola un urlo isterico che trattenni controllandomi. Ormai era passato un quasi un anno che vivevo con lui, e giorno dopo giorno mi rendevo conto che il nostro rapporto era più teso, meno spontaneo. Cosa sarebbe successo tra due tre, quattro dieci anni? Questa domanda cominciava ad assillarmi, a farmi sentire la terra tremare sotto i piedi. Lui continuava a masticare serafico. Ogni tanto mi guardava con quell'aria odiosa che sapeva assumere quando una cosa non riusciva a tirarla fuori. Allora lo afferrai per un braccio. Avrei voluto graffiarlo, fargli un male fisico per costringerlo a gridare per il dolore. La mia presa era forte di una violenza debole. Credo che lui sentì questa mia agitazione rabbiosa. Smise di mangiare, poggiò entrambi i gomiti sul tavolo, incrociò le mani giocherellando con i pollici e finalmente alzò la testa diritta per guardarmi: "Chi era?". La sua voce mi giunse come un ringhio soffocato. Ebbi un attimo di smarrimento. Respirai forte per capire cosa nascondevano quelle due parole. Ah, certo! Si riferiva a Luigi. No!, non avevo il dovere di giustificarmi. La sua domanda e il tono con cui me la faceva era di per sé offensiva. Lo guardai diritto negli occhi prima di rispondergli con le mascelle serrate: "Luigi, era un amico del corso di informatica. E' venuto a trovarmi nel primo pomeriggio, e chiacchierare con lui è stato per me molto piacevole. Vuoi sapere altro?"-"No". Si coprì il volto con le mani, in segno non so di cosa. Non mi importava cosa provava. Mi aveva mancato di rispetto. Ecco l'unica cosa di cui ero certa. Con questa forza mi alzai senza sparecchiare e corsi nella stanza degli ospiti. Mi gettai sul letto e non riuscì a trattenere le lacrime. Sentivo i suoi passi, come se mi calpestassero il cuore, bussò due volte, non avendo ricevuto risposta entrò e mi vide riversa sul letto. "Paola, scusami", supplicava, seduto sul letto ad accarezzarmi. "Lo sai quanto ti amo. Ti prego guardami. Parliamo un po', dai…". Quando mi girai non ebbi neanche il tempo di dire A, che un suo bacio mi sorprese. Mi baciava con delicatezza e passione. Non ce la feci più a resistere. Anche io lo ricambiai. Ci coprimmo, mangiammo di baci. E colmi di desiderio, ci ritrovammo senza vestiti a fare l'amore. Era la prima volta che lo facevamo su un letto a un posto. Ma credo che la passione che ci univa ci avrebbe permesso di farlo anche su una roccia. Non riuscimmo a dormire dopo, eravamo troppo scomodi. Quando gli proposi andare nella nostra stanza, erano già le sei del mattino. Abbracciati nel nostro letto, Tiziano mi propose una giornata di ozi. Lui non sarebbe andato a lavorare e io non mi sarei curata della casa. "Tu sei pazzo!", gli dissi. " e che faremo allora? Che proponi come alternativa?". – "Dormire e fare l'amore". Anche io ero pazza come lui, infatti dissi di sì. Al diavolo la routine, adoravo le rotture degli schemi. Perché no? Anche dare un calcio alle responsabilità. Finalmente il vento della libertà aveva scompigliato i capelli di Tiziano, sempre così ben pettinati.

Per un giorno almeno me lo sarei goduto come mamma l'aveva fatto. A me in questi momenti saliva l'euforia, mi comportavo come se fossi ebbra. E lo ero. Ebbra della sua natura, del suo essere unico, l'uomo che più di tutti e di tutto avrei amato.

Mia madre e io ci sentivamo praticamente tutti i giorni per telefono. Ogni volta mi chiedeva, a volte allusivamente, altre esplicitamente, se era cambiato qualcosa. Se ero in dolce attesa insomma. Ci restava male quando le dicevo di no. Per il resto mi raccontava di quanto le mancassi da quando ero partita. Anche se ormai erano passati quasi due anni da allora. Ma una madre non si rassegna mai, pensai. Fosse per lei mi avrebbe tenuto a telefono tutta la giornata, ero sempre io a congedarla, dicendo: "mamma, adesso devo andare, ci sentiamo domani". Eh, sì mia madre era la mia migliore amica. Mi accorgevo di non avere altri punti di riferimento al di fuori di lei. Sentivo spesso però il bisogno di avere un'amica della mia età. Non tanto per una questione affettiva, che nessuno sa assolvere meglio di una madre, quanto per confidarmi con una persona che guardasse le cose dal mio punto di vista. Vivevo aggrappata al presente. Mi ponevo i problemi con un'urgenza solo quando mi opprimevano. E per il momento il mio dolce presente era Tiziano.

I primi anni della nostra convivenza, a parte i comuni litigi di una giovane coppia innamorata, passarono lisci. Vissi momenti di indimenticabile felicità. Viaggiammo molto. Conoscemmo posti del mondo tra i più suggestivi. Indimenticabile la nostra vacanza a Parigi. E in Brasile poi, fu una vera gioia dei sensi. Ma quella che ricordo con più amore, fu il fine settimana a Venezia. Non perché tutti dicono che questa città sia magica, nata per l'amore, ma perché la scoprimmo con lo stato d'animo di chi si amerà per sempre. E' difficile da spiegare come ci si sente quando l'amore che ti lega al tuo amato, è insieme catena e libertà. A piazza San Marco per davvero Tiziano prese un colombo e gli legò non so con cosa, un bigliettino alla zampa. Prima di liberarlo in volo gli sussurrò all'orecchio qualcosa. Non gli chiesi mai il motivo di quel gesto. E lui mai me lo disse. In fondo non aveva alcun significato. Lo interpretai come una delle sue stranezze. E forse di questo si trattava, niente di più. Ma quel segreto così romantico che ci divideva, mi piacque, volava verso la libertà che solo l'amore può darti

Anche a casa vivevamo d'amore e acqua fresca. Svegliarsi insieme era un'iniezione di energia gioiosa, che ci caricava per tutto il tempo della giornata che trascorrevamo separati: quando lui era al lavoro e io occupata con la casa, la spesa, la cucina. Ormai da parecchio non mi preoccupavo più di un lavoro. Non sentivo l'esigenza di telefonare a Luigi, anche solo per essere messa al corrente di quello che si muoveva o no sul mercato del lavoro. E poi Tiziano non mi faceva mancare niente economicamente! Ogni settimana andavamo al cinema, e al ristorante capitava ci andassimo più di una volta a settimana. I nostri discorsi galleggiavano sempre su un mare calmo che delicatamente si infrange sulla sabbia, dissetandola e facendola brillare. Però una sera a cena, Tiziano assunse una di quelle sue espressioni serie. Stavolta sentì che alla serietà si univa una certa gravità. Come al solito fui io a sollecitarlo a parlare, a sfondare quel muro, che chissà perché sentivo fosse di mattoni, del silenzio. "Parla Tiziano, che c'è, cosa ti preoccupa?". Lui posò con un gesto brusco la forchetta nel piatto e mi guardò con aria di sfida, come se gli stessi nascondendo qualcosa: "Stiamo insieme da più di quattro anni, come mai nulla, voglio dire, non esci incinta? Prenderai mica qualche rimedio anticoncezionale?" Era incredibile tanta sfrontatezza! Non mi importava dove fossimo, mi alzai come una tigre e gli mollai un ceffone in pieno viso, provocando naturalmente un silenzio nella sala del ristorante. Ma non me ne fregava un cazzo! Come poteva dubitare della mia buona fede. Non avevamo forse deciso insieme di avere un figlio? Non gli era sfiorata nemmeno l'idea che la cosa preoccupasse anche me? Ecco cosa gli dissi furibonda quando uscimmo dal ristorante.

E una sera a casa gli sbattei in faccia tutta la lista di analisi che mi aveva prescritto il mio ginecologo, perché, pur senza allarmarmi, mi disse che voleva vederci più chiaro. "Guarda che vuole vedere anche te. Perché anche tu potresti essere la causa. O pensi che voi uomini siate sempre aldisopra di ogni sospetto?" Tiziano questa volta non cercò di calmarmi come era solito fare, si infilò il giubbotto e uscii di casa senza dire nemmeno una parola.

Il mare tornò a essere calmo. Tiziano ed io avevamo
recuperato quella complicità che ci univa da sempre.
Quando poteva mi accompagnava a fare le analisi,
altrimenti lo faceva mia madre.
Finché un giorno, passati molti giorni, il medico convocò
me e Tiziano nel suo studio. Io ero la più ansiosa dei due.
Ma mi controllai con una forza che non credevo di avere.
La stessa che dimostrai quando la diagnosi del ginecologo
mi ferì a morte, ma non mi uccise. Ci disse che dal
risultato delle analisi, tutti gli esami erano a posto.
Entrambi avevamo un organismo perfetto. Il suo tono però

non era rassicurante o forse io non lo percepii tale. Ebbi la chiara sensazione fossi io il problema, o forse io e lui insieme…Una vera sentenza che accettai razionalmente, senza aggrapparmi ad illusioni. Non osai guardare Tiziano né in quel momento, e neanche nei giorni seguenti. Sì forse mi sentivo in colpa. Auto-convinta fossi io la pianta sterile, che aveva spezzato il suo sogno di paternità. Adesso tutto era cambiato e non potevo far finta di niente. Dovevo parlargli, restituirgli la sua libertà per coronare il suo sogno con un'altra donna. Tiziano si mostrava in quei giorni, ancora più gentile e premuroso del solito. Cercava di evitare l'argomento che sapevo faceva male a lui quanto ne faceva a me. Ma io non ce la feci. Una sera lo affrontai obbligandolo ad ascoltarmi, anche se lui mi ripeteva che non ne voleva parlare. Era troppo presto per farlo. Io non potevo aspettare: "Tiziano, sei libero. Non è giusto tu ti senta legato a una donna che non potrà mai renderti padre", dissi tutto d'un fiato. Alché mi rispose come non mi sarei mai aspettata: "Io ti amo Paola! E poi tu hai bisogno di me. Non ti lascerei mai in un momento così difficile per te. Capito. Mai!" Incominciai a piangere tutte le lacrime che avevo trattenuto in quei giorni: "Non è giusto, non è giusto", imploravo alla vita. Però intimamente le parole di Tiziano mi avevano sciolto il dolore. Mi nascosi tra le sue braccia. Sentivo le sue braccia che mi stringevano forte, così tanto forte! Come se anche lui si aggrappasse disperatamente a me.

La mia vita con Tiziano scorreva calma, solidificata dall'amore, ma aveva perso l'ebbrezza e l'euforia dei primi anni. Io stavo cambiando. Somigliavo sempre più a un'ombra. Mi pesava il passare del tempo, anche la vita da casalinga. Avrei voluto avere un lavoro, non perché mi mancassero i soldi. Era una questione di autonomia. E poi, come continuava a dirmi mio padre: "Era inconcepibile che una laureata si chiudesse in casa a servizio di un uomo, che non le aveva messo neanche l'anello nuziale al dito". Una sera Tiziano si presentò a casa con degli uomini, che avevano la faccia e i modi da camionisti. Infatti come seppi, lo erano. Uno dei quattro portava una busta carica di birre. Ma si vedeva che erano già ubriachi. Tiziano anche sembrava brillo. Li feci accomodare in soggiorno e con la scusa di un mal di testa mi ritirai nella mia stanza. Tiziano mi seguii, sbarrandomi con il braccio l'ingresso in stanza. Mi guardò e mi chiese il favore di mettermi qualcosa di carino e poi di preparare qualcosa da mangiare per i suoi ospiti. Mi ringraziò anticipatamente dandomi un bacio che puzzava di birra. Feci quel che mi chiese. Mi vestii come lui avrebbe desiderato, conoscevo i suoi gusti, e andai in cucina a preparare scaloppine con contorno di insalata. Feci scaldare un po' d' acqua per la pasta. E quando fu pronta la condii con della salsa che avevo riscaldato. Portai il tutto in tavola, tra i versi di piacere dei rozzi commensali e andai via, augurando loro buon appetito. Dalla cucina mi giungevano le risate grasse e volgari di quegli uomini, che senza rispetto, facevano commenti piccanti sulle donne e sulle loro forme. Mi sembrarono molto allusivi quei commenti. Questo mi irritò un sacco. Mi promisi di dirlo a Tiziano, in un momento adatto. Mentre questi pensieri mi ondeggiavano nella testa come un mare agitato, sento la voce di Tiziano che mi chiama. Era completamente ubriaco, come tutti gli altri del resto. "Buonissimo quello che hai preparato", mi disse cingendomi la vita e invitandomi a fare loro compagnia. Fu inutile il mio tentativo di liberarmi dalla sua stretta. Capì che l'unico modo per non provocarlo, era quello di non dibattermi. Ma forse fu peggio. Tiziano, cominciò a toccarmi vistosamente il fondo schiena, poi infilò la mano sotto il vestito. Tutti lo videro e esclamarono uno stomachevole:"Oh". Ma l'umiliazione non era finita. Con la mano continuava a palpeggiarmi. Allora io non ci vidi più e gli mollai un pugno, così forte che fece perdere l'equilibrio a me e a lui. Quel maledetto appena si rimise in piedi mi riempì di schiaffi e pugni nello stomaco. Poi prese una bottiglia di birra e mi costrinse a bere. Io caddi stremata e ferita, con il volto sanguinante a terra. Rantolavo per il dolore, e poi probabilmente persi i sensi. Il giorno seguente mi ritrovai nel mio letto distesa a pancia in giù, e tutto il corpo mi faceva male. Indossavo ancora il vestito della sera prima. Tiziano non c'era quel vigliacco, era chissà dove. In casa neanche l'ombra di lui, avevo controllato minuziosamente. Al diavolo, al diavolo quell'uomo, urlavo alle mura della casa, battendo con i pugni ogni cosa mi trovassi davanti. Quella bella casa avrei voluto farla a pezzi! Presi una pillola per la testa che mi scoppiava, mi tolsi quella puzza di birra che avevo addosso con acqua e sapone. Mi infilai un paio di jeans e una felpa. Svuotai la parte dell'armadio dove avevo sistemato i miei vestiti, li chiusi tutti nelle mie due valigie. Non mi preoccupai di aver dimenticato qualcosa. L'avrei ricomprata. Lasciai le chiavi di casa sul letto disfatto, chiamai un taxi e tirai la porta di casa dietro le spalle. Il taxi non mi fece aspettare troppo. Ancor prima di entrare dissi con voce spezzata dalla rabbia la destinazione dove avrebbe dovuto portarmi. Ci mise mezz'ora ad arrivare a casa dei miei genitori. Quando mia madre mi vide davanti alla porta, con le valigie in mano, il viso gonfio, i capelli scompigliati, ebbe un sussulto di paura. Subito dopo si portò le mani sul viso e scoppiò in un pianto soffocato. Avevo uno sguardo allucinato, sembravo una drogata. Avevo perso il senso dell'orientamento, parlavo da sola, urlavo a mia madre di smetterla di piangere. Mi dava ai nervi! "Cosa ti ha fatto, cosa ti ha fatto", gemeva mia madre. –"Nulla mamma. Ho battuto la testa mentre litigavo con Tiziano. E adesso tra noi è tutto finito". Ero sfinita, molto più di quanto non mostrassi. Mi sentì cadere e precipitare in un fondo oscuro. Dormì per un tempo indefinito, ero costantemente in uno stato di dormiveglia. Dovevo essere malata, perché un giorno ebbi l'impressione di vedere il medico al mio capezzale che mi misurava il polso e parlava con mia madre di medicine da prendere a orari fissi. Quando intontita chiesi spiegazioni a mia madre, mi tranquillizzò: "Hai solo una influenza, associata a un esaurimento nervoso. Ti rimetterai presto, non preoccuparti". Uscì da questo stato dopo tre giorni. Avevo capito che insieme agli antibiotici mi davano ansiolitici per calmarmi. Ma quando mi passò la febbre, mi alzai dal letto con l'intenzione di reagire. La prima cosa che feci quando mi sentì davvero meglio fu quella di telefonare Luigi, per sapere del corso, delle novità sul mercato del lavoro. Si dimostrò come al solito solerte e premuroso. Quando gli proposi di farmi visita a casa dei miei genitori, percepì un po' di sorpresa nella sua voce, ma mi disse subito sì. Era davvero un gran bravo ragazzo, per lui avrei messo la mano sul fuoco. Altro che quell'ubriacone violenta-donne di Tiziano. Ma come avevo fatto ad innamorarmi di lui? Mentre pensavo a tutto questo, guardavo il cellulare per controllare se in quei giorni qualcuno mi avesse chiamata. E quando constatai che non c'era nessun messaggio nuovo, il mio cuore fu risucchiato da un vuoto, come se avesse ingoiato sé stesso. Alle quattro del giorno successivo Luigi venne a casa dei miei. Salutato con molto calore sia da mia madre e soprattutto da mio padre. Ci mettemmo comodi nello studio di mio padre, che ormai era diventato una stanza per gli ospiti. Mio padre, un avvocato in pensione, aveva ora come unico interesse arricchire la sua vasta biblioteca, che si compiaceva di mostrare ai suoi ospiti. In mezzo a tutti quei libri parlai con Luigi, sempre con quella abituale disinvoltura che contraddistingueva le nostre conversazioni. Anche a lui dissi che la mia storia con Tiziano era finita e che volevo inserirmi, anche se mi rendevo conto delle difficoltà, nel mondo del lavoro. Lui mi incoraggiò molto. Mi disse di non mollare, perché in questi casi la motivazione viene prima di tutto, anche degli ostacoli materiali. Era proprio un tesoro! Si faceva voler bene da tutti per il suo sorriso sempre ottimista, solare. E lui, la stima che nutrivo per lui, divenne la principale motivazione che mi fece reagire. Nei giorni seguenti, mi iscrissi a un corso per mediatori culturali. Dal lunedì al venerdì, nel primo pomeriggio ero impegnato con questo corso. Intanto la familiarità tra me Luigi aumentava giorno per giorno. Il sabato o la domenica sera andavamo a mangiare una pizza insieme e dopo passeggiavamo lungo il mare. Una sera a casa sua , mentre guardavamo un DVD, ci scappò un bacio tenero come una foglia posata dal vento sulle labbra. Mi lasciò un sapore d'erba fresca, d'aria pura. Lo respirai a lungo questo momento, che mi rigenerò e mi riconciliò con la vita. Luigi era la lealtà, la sincerità, personificata. Aveva davvero quel grande valore umano immaginavo avesse prima ancora di conoscerlo così intimamente. La nostra storia andava avanti così, senza eccessi. Poggiava sulla stima reciproca e sul giuramento che ci eravamo fatti dall'inizio: quello di non nasconderci niente. Purtroppo io non riuscì a farcela. Era passato un mese che stavo con Luigi, ma la mia ferita al cuore, quella lasciatami da Tiziano, continuava a sanguinare. Una notte non ressi più: era mezzanotte passata, composi il suo numero. Squillò a lungo. Mi rispose una voce ubriaca di sonno e di qualcos'altro. "Tiziano, sei tu?". –"Paola!", pronunciò il mio nome come se fosse un'ancora di salvezza. Però non riusciva a dire di più. Biascicava le parole. I suoi sensi erano annebbiati. Stava in un altro mondo, e il suono della mia voce fu per lui un richiamo forte a ritornare nella realtà. Ma non ci riusciva. Mi faceva pena. Avrei voluto raggiungerlo per aiutarlo. Ma come? Ero in casa dei miei. Non potevo uscire, senza che se ne accorgessero. Ma la mia pazzia era più forte. Indossai piano, senza far rumore un vestito e delle scarpe leggere. Chiamai un taxi. Quando tirai la porta di casa dietro di me, esclamai: "sono libera!". Il taxi mi fermò vicino al cancello chiuso. Non se ne andò finché non mi vide entrare. Io citofonai forte al nome di Tiziano e continuavo a chiamarlo sul cellulare. Finalmente lo vidi arrivare. Era in vestaglia, scalzo. A giudicare da quello che aveva indosso, doveva essere venuto giù di corsa. Mi aprii il cancello, facendo entrare il suo sguardo in quella ferita del cuore che sanguinava. Fece un cenno al taxi di partire. Aveva le labbra secche, la barba incolta, solo gli occhi non avevano perso quel potere magico di attrarre. Non ci fu bisogno di parole tra noi. Lui mi prese in braccio. Credevo fosse debole fisicamente per farlo. Si sentiva il suo respiro pesante. Ma non mi lasciò mai mettere i piedi per terra, fino a quando non mi adagiò piano sul nostro letto. Quando si tolse la vestaglia, vidi che era completamente nudo. Anche io mi tolsi tutto. Si gettò come un corpo morto su di me, per prendermi. Quella notte facemmo sesso, nudo e crudo sesso, non facemmo l'amore. Mi svegliai euforica non felice. Accanto a me Tiziano non c'era. Erano le dieci del mattino, non poteva esserci. Io dopo essermi lavata indossai la sua vestaglia. Prima di dedicarmi a pulire la casa, che era un vero porcile. Mi ero dimenticata di tutto: dei miei genitori, di Luigi, del corso di meditatori culturali, del perché ero scappata da quella casa. No, non era proprio così. Ricordavo in un altro modo. Sulla mia memoria era scritto tutto il mio passato recente, ma non riuscivo a leggerlo, o non volevo, non lo so. Mia madre mi telefonò più volte sul cellulare. Risposi con la rassegnazione di chi si aspetta una dura condanna. E infatti così fu. Più che condannarmi mia madre mi insultò, fece appello alla mia dignità, che secondo lei avevo persa a causa di quell'uomo. Ormai non lo chiamava nemmeno più per nome. Mi disse che ero una viziosa, una masochista, una che se le andava a cercare. Che non aveva rispetto per nessuno. Come potevo giustificarmi? Quali ragioni ha un sentimento incontrollabile, che non capisci neppure tu. Pretendere di spiegarlo a un altro, che sia anche la persona che più ti vuole bene in questo mondo, è utopia.

La mia vita con Tiziano ricominciò come se niente fosse successo. Eravamo di nuovo una coppia. Lui andava a lavorare la mattina e tornava la sera. I suoi orari erano meno precisi di prima. Tanto poteva tornare alle 18, così come alle 22. Comunque io gli facevo trovare sempre qualcosa da mangiare, sia che tornasse, sia che non tornasse. E la casa era sempre pulita e in ordine. Con mia madre mi sentivo ormai una volta a settimana. Ero sempre io a chiamarla. Non avevamo granché da dirci. Tra noi passava quel filo invisibile del non detto. Un non detto affettivo. Spesso, quando facevo i servizi in casa mi venivano in mente le tante cose che avevo rimosso. Luigi innanzitutto. Il suo volto, il suo sorriso, le sue parole. E quella nostra breve storia dalla quale io scappai come il più vile dei traditori. Senza una spiegazione. Chissà cosa aveva pensato di me? Cosa pensa adesso. Tante volte ero stata tentata dall'idea di telefonargli, di aprirgli questo mio stupido cuore, ma non ne ebbi mai il coraggio. Né lui mi telefonò mai per chiedermi una spiegazione. Sarebbe stato un suo diritto farlo. Ma probabilmente la sua delusione fu così forte da togliergli ogni forza, da fargli temere il suono della verità, che detta fa ancora più male che immaginata. Povero Luigi, povero tesoro mio. Chissà se un giorno avrebbe saputo quanto ho tenuto a lui. E poi come avrebbe detto mio padre, che da quando ero tornata con Tiziano, non mi parlava più, avevo sprecato un'altra possibilità per inserirmi nel mondo del lavoro, abbandonando così il corso di mediatore culturale che stavo seguendo grazie a Luigi. Confesso che mentre spazzavo per terra, mi

sembrava di vedere in quei rifiuti, i frammenti polverosi della mia vita. Ma tutto ha valore o meno dall'angolazione in cui la guardi. Solo questa giustificazione mi restava a mia discolpa. Col tempo diventavo sempre più efficiente e veloce nelle faccende di casa. Avevo dunque molto tempo libero. Non era più come prima, quando temevo do non farcela a portare una casa avanti. Tutto si impara in questa vita, anche i sentimenti forse. Uscivo dunque più spesso di casa e non solo per fare la spesa. Prendevo il pullman e andavo al centro città. Entravo volentieri nelle grandi librerie e non vedevo passare il tempo. I libri di narrativa moderna mi sono sempre piaciuti. E in quei luoghi avevo una così vasta scelta, che avrei voluto comprarli almeno una decina per volta. Mi accontentavo di comprare quelli che mi seducevano di più. Non più di due. Tornavo a casa piuttosto stanca. L'idea di tornarci non so perché mi rendeva un poco triste. Dopo aver cucinato, mi davo alla lettura, e poi svogliatamente accendevo la Tv. Sempre più spesso saltavo il pranzo e a cena quando Tiziano non veniva in orario per mangiare, sgranocchiavo qualcosa. La domenica sera, Tiziano e io andavamo a volte al cinema. Lui amava i film che piacevano a me. Ma non era più lo stesso, anche nei momenti piacevoli, come un film visto insieme, una passeggiata sotto le stelle. Era cambiato. Ma non credo fossi io la causa. Almeno mi illudevo non fosse così. Anche io non ero più la stessa. Il mio entusiasmo di stare con Tiziano si era spento, mi legava a lui un legame inspiegabilmente forte. Forse una maledizione!
Intanto diventavo sempre più magra e pallida. Mi sentivo sola. Spesso passavo giorni interi, senza parlare con nessuno. Stavo cadendo in uno stato depressivo. E questo mi angosciava per me ma soprattutto per Tiziano. Temevo se ne accorgesse. Fortunatamente ci vedevamo poco nel

corso della settimana. La mattina al risveglio, non poche volte, sentivo un odore di birra. A volte avevo la sensazione sgradevole di sentirmelo addosso. Quale poteva essere la sua spiegazione? Quando si sta cadendo nel pozzo della depressione, ci si illude di meno. La realtà ci sembra per quello che è, ancor più cruda di quella che è. E io non potevo più negarmi che Tiziano molto spesso tornava a casa ubriaco fradicio. Forse era questa la causa dei suoi ritardi, e del suo cambiamento. Questa convinzione mi precipitava ancor di più nel mio stato depressivo, che giorno dopo giorno mi ingoiava senza pietà. Il mio malessere diventava sempre più palese. Non mi lavavo, né vestivo. Non prendevo alcuna cura di me. Uscire per fare la spesa era per me difficile come scalare una montagna. Con non so quale forza, riuscivo a prendere cura della casa. La mia vita andò avanti così per due anni.

La mia vita adesso

Sto finendo di pulire e mettere in ordine, sono veramente
giù di corda. Ho fatto uno sforzo immane per cucinarti e
farti trovare la casa a posto. Fuori c'è una bella luce
azzurra che illumina il bianco delle pareti. Alcuni bambini
del condominio giocano a palla. Mi giungono le loro voci
come trilli di uccelli. Ogni tanto mi affaccio al balcone
della cucina per guardarli. Forse ho nostalgia dell'infanzia,
dei giochi all'aria aperta, della vita che dà un calcio a un
pallone, magari rompendo un vetro e poi scappando via.
Loro gridano con le loro voci di bambini, piuttosto che
calciare forte. Liberano l'esuberanza dei loro corpi,
correndo, inseguendosi, sudando in una giornata fredda,
anche se piena di luce. Intanto il sole scende sempre più in
basso, e l'aria comincia a diventare azzurrina. Ritorno alle
mie faccende. Per non farmi distrarre tiro completamente
la tendina del balcone e accendo la luce. Guardo

l'orologio: sono le sette e mezza. Decido di preparare qualcosa di veloce. Meno male che in frigo c'è dell'insalata verde e dei pomodori freschi. Nella mensola dove tengo le minestre già preparate, ne prendo una confezione e la faccio riscaldare. Apparecchio la tavola per due, malgrado non abbia alcuna voglia di mangiare. Fosse per me non mangerei proprio. Poi mi siedo su una delle sedie di cucina, stanca come se avessi fatto chissà quale fatica. Il suono del campanello mi fa sobbalzare. Guardo di scatto l'orologio: sono già le otto e mezza. "Mio Dio, ho un aspetto così trasandato, mi sono dimenticata anche di togliermi la vestaglia che ho da stamattina!". Non ho scelta, né tempo. Corro nel soggiorno e accendo la televisione, mi sintonizzo su un canale e sedendomi sul divano, abbraccio un cuscino, per darmi un'aria rilassata. Sento i suoi passi nella casa. Il rumore del frigo che si apre e che si chiude. Poi lui fa capolino nel soggiorno: "Ciao, sei qui?". Mi giro verso di lui abbozzando un sorriso: "ciao, tutto bene? " Mi alzo e vado ad abbracciarlo e baciarlo. La sua faccia è stravolta. Deve aver bevuto di nuovo, o chissà cosa di sgradevole. Non oso chiederglielo. Gli dico solo: "è pronto, devo solo riscaldare la minestra". –"Prima spegni la televisione!", mi ordina quasi rabbioso. Ok, spengo la tv, e torno in cucina. Dopo un po' metto tutto in tavola. Ma ho l'impressione lui non voglia mangiare. Lo capisco da come mi guarda, seduto mentre afferra la forchetta e il coltello come due armi. Non mi piace il suo sguardo, anzi mi fa paura. All'improvviso scaraventa il tavolo, e tutto ciò che c'è sopra si rompe facendo un rumore terribile. Sto tremando per la paura e l'angoscia, mi metto a piangere. Lui allora comincia a infierire: "Ma guardati, hai una faccia, che sembri una morta. E pretendi io mangi quello che un cadavere cucini?? Eh!, Eh!?" Mi grida rabbioso nelle orecchie. Poi mi gira intorno e mi guarda con disprezzo: "scommetto che da stamattina non ti sei nemmeno cambiata i vestiti, eh??" Quando la finisce con le offese, mi molla uno schiaffone sull'orecchio, facendomi perdere l'equilibrio. Riesco a non cadere, mi aggrappo al mobile della cucina. A testa bassa, la mia voce riesce ad articolare le sue parole di difesa: "Non stavo bene, mi sentivo e mi sento depressa". Il mio sforzo per parlare mi fa venire il fiatone. Non chiedo scusa, né pietà, solo comprensione. Ma lui mi afferra per i capelli e mi trascina per tutta la casa come se fossi un animale. Finalmente lascia la presa. Ma non è finita. Mi ordina: "Alzati!, Forza, alzati!". Non posso fare altro che obbedire. Non ho scelta e non ho le forze sia fisiche che psicologiche. Sono diritta davanti a lui con il viso inclinato di una martire. Ho gli occhi semichiusi. Non so se mi guarda. Il rumore dei suoi passi e lo scrosciare dell'acqua. Non immagino nulla. Stavolta mi afferra per la camicia da notte. Me la strappa con violenza da dosso. Mi strappa anche la biancheria intima. Capisco adesso: quello scroscio d'acqua era per il mio corpo. "Lavati con il bagnoschiuma!" mi ordina ancora. Eseguo senza capire. Mi muovo come un automa. Lui mi telecomanda. D'improvviso l'acqua non mi bagna più. Lui mi è vicino, lo sento dall'alito e dalle sue mani addosso, dappertutto. E la sua voce così sgradevole e così vicina: "sei depressa, sei sterile come una pietra. Ma ti insegno io a vivere!". Ancora uno schiaffo. Stavolta cado nell'acqua insaponata. Lui mi tira su e mi sbatte contro il muro della doccia. La mia fronte sanguina. Mi sbatte anche le braccia aperte contro il muro. Credo che se avesse dei chiodi mi crocefiggerebbe. Invece sta preparandosi per l'atto finale. Il più umiliante di tutti. In quella posizione mi sodomizza.

69

Mi uccide con il piacere che riesce a farmi provare. Piove tutta la notte, non c'è più una stella nel cielo.

Devo essere svenuta, perché non ricordo quello che è successo dopo. Quando riapro gli occhi, mi ritrovo nel mio letto coniugale. Ci metto un po' a focalizzare ciò che mi sta intorno. Le tapparelle della finestra sono chiuse. E' buio nella stanza. Ma percepisco che è giorno. Mi siedo sul letto e guardo il posto dove dorme Tiziano. E' vuoto. Ma il lenzuolo porta i segni di un corpo, sicuramente il suo. Deve essere uscito presto. Non sento rumori in casa. Comincio a credere che quello che è successo ieri sera, si tratti di un incubo. Non può essere vero! Ma l'illusione dura poco: i miei ricordi mi frustano con violenza. D'istinto mi tocco la fronte: è fasciata. Le mie braccia, odorano di acqua ossigenata. Non sono ferite. Solo qualche graffietto. Salto giù dal letto, corro subito in bagno. Apro con violenza la tendina della doccia. Niente, nessuna traccia di violenza. Anche in cucina è tutto a posto. Se non fosse per quell'odore strano, di disinfettante. Mi soffoca. Apro tutte le finestre e i balconi per farlo uscire. Mi siedo sulla sedia di cucina e mi ripeto ossessivamente con un tremito in gola, che mi giunge fin dentro le ossa: "Non è successo niente, niente, niente. Ho fatto un brutto sogno". Ma poi mi tocco di nuovo la fronte. Mi fa un po' male, e guardo quello che indosso: la mia vestaglia, ma sotto ho una larga e lunga maglia, deve essere una di quelle che Tiziano non indossa più. E poi non ho alcun indumento intimo. Provo una vergogna pungente e una disperazione alla quale non oso dare un nome. Ormai è tutto crudelmente chiaro. Ogni minuto in più che resterò in quella casa mi peserà come un delitto. Faccio le valigie per fuggire, mi vesto in fretta e furia e vado via.

Mi rifugio dai miei genitori, e dove se no? Quando mia madre si vede davanti la mia faccia stravolta, sfinita, rimane senza fiato per il dolore. Non c'è bisogno le spieghi nulla, ha già capito. Trova le forze per dirmi: "questa è casa tua, non hai bisogno di giustificazioni. Và a riposarti nella tua stanza, ti preparo qualcosa di caldo. Non preoccuparti per la valigia. Ci penso io". Mi accompagna nella mia stanza, mi aiuta a mettermi sotto le coperte e me le rimbocca come fossi una bambina. Dentro di me sto piangendo disperata. Muoio di vergogna. Ma il mio volto non tradisce la minima emozione. Sembra di ghiaccio. Tremo dal freddo. Ho i brividi. Scosse di corrente mi scorrono nel sangue come un veleno. Sono troppo debole dentro per avere paura. Spero di morire e non saperlo. "No troppo facile!", mi grida infastidita Maria, quando mi viene a trovare a casa dei miei. "Non puoi morire per quel malato. Sì perché scusa ma lui è malato. Ma non li vedi i film sulle donne picchiate dai mariti? Svegliati Paola. Accetta la realtà e volta pagina" "Dovresti anzi denunciarlo per come ti ha ridotto". Non riesco a trattenere le lacrime e a ribellarmi anche alla realtà: " Non puoi abbandonare il tuo compagno perché è ammalato", protesto, "tu l'avresti fatto? Se tuo marito stesse male, scapperesti da lui?" –"Ma che discorsi fai Paola? Come puoi fare certi paragoni! Ti rendi conto di quello che stai dicendo? Tiziano ha un tipo di malattia che ti ucciderà. Lui è pericoloso. Ma come fai a non capirlo! Che hai intenzione di fare adesso?"-"Non lo so, Maria."-"Posso farti una domanda?-"Certo, tutte quelle che vuoi"-"Lo ami ancora?" Passa una vita dentro un minuto, prima che le risponda, guardandola diritta negli occhi: "Non lo so". Maria esce dalla mia stanza preoccupata. Tanto che non trova le parole per darmi un consiglio. Mi rendo conto di averle trasmesso la mia incertezza, la mia angoscia. Ma forse questo è il limite dell'amicizia: l'impotenza di non poter cambiare il destino del tuo amico. Anche quando lui o lei ti chiede aiuto, in realtà lo sta chiedendo a sé stesso. Tu, amico o amica, non puoi fare di più che essere presente, confortarlo con la tua vicinanza. Dirgli anche senza parole: "sono qui, e ci sarò sempre".

Sono passati due giorni, senza ricevere notizie di Tiziano(lui non mi ha telefonato, tantomeno l'ho fatto io). Sto convincendomi di poter ricominciare. Mettermi alle spalle il passato doloroso e guardare avanti. Lo so, non si possono dimenticare da un giorno all'altro, l'amore, il bisogno d'amore, la violenza, la dipendenza. E' impossibile prendere tutte queste cose, metterle in un sacco e dargli fuoco. Anche se non sono sola in questa battaglia. I miei genitori, mi incoraggiano veramente tanto, in ogni occasione. Usando le parole giuste al momento giusto. Io piango spesso, alterno un umore depresso a uno più ottimista, direi euforico. Quando mi sento così, esco di casa e vado da qualche amica persa per le strade della vita. E' il periodo di Pasqua. Con la scusa di andare a fare gli auguri, telefono a Susanna, fortunatamente ho conservato i numeri di telefono nella mia rubrica del cellulare. Mi risponde con una voce calorosa, proprio come la ricordavo, a giudicare dal suo modo confidenziale di parlarmi, per lei il tempo non è passato, al contrario di me che lo sento come un pesante macigno, impossibile da spostare, tra il prima e il dopo aver conosciuto Tiziano. "Ma quanto tempo, che fine hai fatto"-"Sai-cerco di giustificarmi-sono andata a vivere con uomo che ha cambiato la mia vita"-

"Ma chi?-interrompe lei-quello con cui stavi già al tempo del corso? "Sì proprio lui". Non voglio parlarle di Tiziano, né del mio desiderio di volerlo lasciare, perciò mi limito a darle risposte secche, senza soddisfare la sua curiosità femminile. Non so se si accorge del mio stare sulla difensiva, sta di fatto che naturalmente cambia argomento, invitandomi a una specie di riunione tra vecchi amici. Per me è proprio quello che ci vuole, mi dico, e accetto con piacere. Tra l'altro il luogo della riunione si trova a via Roma, non lontano da casa mia. Intorno alle cinque del pomeriggio, arrivo a casa di Susanna. Mi accoglie con un abbraccio dei suoi: "Sono così contenta ci sia anche tu. Verrà Luigi con sua moglie e il loro bambino, e poi tanti altri ragazzi e ragazze simpatiche che vorrei farti conoscere". E così Luigi si è sposato, penso con un po' di nostalgia. Ma sinceramente provo tanto piacere per lui. Il primo ad arrivare è un vecchio amico di Susanna, Mario, almeno così me lo presenta. Un uomo sulla quarantina, architetto e amante dei viaggi. Col passare del tempo la sala si affolla di vecchi e nuovi amici di Susanna. Tra questi c'e anche Luigi e famiglia. Non appena lo vedo gli corro incontro, anche se mi frena allo stesso tempo un po' di imbarazzo, per il modo barbaro in cui l'ho lasciato, non dandogli più notizie di me. Così rimango ferma a guardarlo. Ci pensa Susanna a sciogliere il ghiaccio che mi blocca. Mi prende per mano e mi porta da lui, esclamando trionfante: "Visto che bella sorpresa sono riuscita a ripescare?". Luigi ci mette un po' di tempo, non credo a riconoscermi, quanto a credere che quella che si ritrova davanti sia proprio io. Vorrei dirgli qualcosa, che mi discolpi per non essermi interessata di lui in questo tempo. Ma non ce n'è bisogno. Lui non è cambiato. La sua generosità e la sua disposizione a capire cose di per sé

73

incomprensibili, continuano a renderlo unico. Mi chiede
solo, sinceramente interessato, se sono felice, null'altro.
Per timore credo, di addentrarsi in terreni per me difficili
da percorrere con la memoria. Non posso mentirgli. Forse
le mie parole lo fanno, ma i miei sguardi, gli dicono quello
che altrimenti non avrei saputo spiegare. Il bene e il male.
La viltà e la fuga. L'amore e la dipendenza d'amore. Mi
sorride con quell'affetto superiore all'amore, alla
disillusione e a tutti i sentimenti mutevoli. Sono contenta
di conoscere sua moglie, un tipo in apparenza molto dolce
e profondo. Il loro bimbo poi sembra proprio un angioletto
sceso in terra. Questi pensieri contemplativi stridono un
po' con l'atmosfera di allegra esuberanza di corpi che
mangiano, ballano al ritmo della vita da godere e non da
contemplare. Io non è che sia abituata a queste "riunioni di
amici", come li chiama Susanna, perciò mi tengo un po' in
disparte. Trovo un cantuccio vicino a una pianta, e da lì
osservo. Mi piace assistere al divertimento degli altri. Non
mi rendo conto però che qualcuno mi osserva a sua volta.
Me ne accorgo, quando lo vedo sbucare dietro le spalle per
chiedermi: "Non ti stai divertendo?". –"No, al contrario.
Mi piacciono le feste animate dal buon umore". Il tizio ha
in mano due coppe di champagne, una la offre a me e con
l'altra in mano sua, mi propone un brindisi alla vita.
Brindare è sempre bene-augurante. Ma dopo un po' un
leggero sonno mi prende: "Paola, vuoi che ti riaccompagni
a casa?". –"Come fai a ricordare il mio nome?". –"Ci
hanno presentati non ricordi?". –"Ah sì, all'inizio della
sera. Scusami tu….sei Mario!".-"Brava! Davvero, se ti
senti stanca ti accompagno dove vuoi". Avrei accettato di
corsa il suo invito, ma non volevo fare brutta figura con
Susanna. Ad un tratto, però le faccio cenno con la mano.
Lei facendosi largo a fatica, mi raggiunge. Usciamo fuori

sul terrazzo per parlare meglio. Quasi si giustifica con me. Credeva venissero meno gente. Invece....hai visto.: "Comunque Paola non fare complimenti, se vuoi andar via, và pure. Noi avremo altre occasioni per sentirci". Effettivamente la non abitudine a stare in mezzo alla gente mi ha fatto venire mal di testa. Accetto volentieri l'invito di Mario. La sua macchina fortunatamente non è lontana. Mi accompagna fin sotto casa. Con la promessa di rivederci. Mi dico: gli uomini sono tutti uguali. Non fanno mai niente per niente. Ma in fondo chi è che lo fa? A casa trovo mia madre e mio padre che mi aspettano preoccupati. Chissà perché temono abbia passato la serata con Tiziano. Il solo sentir pronunciare il suo nome mi provoca un malessere. Li prego di non nominarmelo più. Di dimenticarlo, come sto cercando di fare io. Dopo il giorno di Pasqua, che passo in famiglia, Mario mi telefona per propormi una gita fuori porta per Pasquetta. Andiamo in un paesino dell'entroterra umbro. Lui possiede una villetta lì. E' un posto gradevole, fresco, lontano dai rumori della città. Puro. La ricordo come una bella Pasquetta.
Mario e io ci vediamo con assidua frequenza. Tra noi scatta anche qualcosa aldilà dell'amicizia. Ma sinceramente io non ho la testa e il cuore libero. Credo per lui sia difficile da capire, che al cuore non si comanda. O forse, raramente si è sentito dire di no. Fatto sta che in un momento di nervi, mi manda quasi a quel paese. Credo che quando riacquisti la calma se ne renda conto, e mi chiede scusa. Ma la nostra amicizia non dura. Diventa sempre più formale.
Io mi sento di nuovo smarrita. Decido di seguire il mio cuore. Così dico ai miei genitori, che di fronte a questa mia decisione niente possono.
Torno da Tiziano. Naturalmente gli telefono prima per

assicurarmi che non mi ha sostituita. Lui mi dice, come fa
sempre, che la sua casa è la mia e in qualsiasi momento
posso tornare. Ma non sono rose e fiori le sue parole.
Dietro si nascondono tante spine. I primi giorni infatti
filano lisci. Come ai tempi migliori. Poi alla prima
discussione, diventa irriconoscibile. Violento verbalmente.
Mi rinfaccia le mie avventure amorose. Il mio averlo
tradito sempre. Inizia a insultare, offendere, poi passa alle
mani. Comincia a picchiare duro. E ogni volta ho
l'impressione le sue sevizie fanno sempre più male.
Vorrei dirgli se potessi:
Tiziano,
la tua violenza è sempre più sorda, più brutale. Non sento
quel dolore di prima quando, dopo avermi stordito con
pugni allo stomaco e alla testa, mi afferri e mi scaraventi
alla cieca contro il muro. Casca tutto: le mensole, i vetri
dei piatti e bicchieri rotti sono armi. Potrei dopo la caduta
afferrare un pezzo di vetro e minacciarti, ma la testa non ce
la fa. La testa gira su sé stessa e con lei la mia vita a pezzi
come quei piatti. Non posso fare a meno di urlare quando
un vetro mi si conficca nella carne facendola sanguinare.
Ma non ho paura di dissanguare.
Sarebbe la cosa migliore. E poi il sangue non esce a fiotti.
"Allora alzati e pulisci, spazza questi vetri rotti e lava
questo sangue". Mi ordini rabbioso, prima di voltarmi
come al solito le spalle e andartene al passo di un animale
feroce. Non riesco a seguirti con lo sguardo quando esci di
casa. Sento solo il rumore della porta che sbatte. Ce l'ho
fatta anche stavolta, mi dico, non sono morta. Ma la
prossima volta morirò. Non posso denunciarlo. Finirà in
prigione e poi…quando uscirà dal carcere, mi verrà a
cercare e sarà ancora il mio carnefice. Non posso
ucciderlo. Ovunque sarò mi mancherà la sua esistenza. Ho

bisogno di lui. Ho bisogno di quello che solo lui sa darmi: quel pieno di energia emotiva così intensa da inebriarmi di piacere. Un piacere che vivo come eterno, finché dura. Solo lui ci riesce, quando in certi momenti della giornata è così...mi prende tra le braccia e mi canta la vie en rose. E poi mi trasmette quell'entusiasmo sottopelle che fa vibrare ogni fibra del mio corpo e della mia mente. "Forza, preparati, andiamo a fare una passeggiata, andiamo a respirare la vita lontano dai problemi. E allora, non me lo faccio ripetere due volte, come una bambina gli salto al collo e lo copro di baci.

Dopo passeggiamo per ore mano nella mano come due innamorati felici e trasudiamo una passione così forte, che ho l'impressione di sentire scie d'argento inseguirci.

Dopo un'ora è tutto a posto. La casa è in ordine come prima. Ho spazzato i vetri, lavato il sangue e mi sono fatta una fasciatura al braccio per impedirgli di sanguinare. Squilla il telefono. Non ce la faccio a rispondere. Squilla a lungo, fino a che la voce della segreteria telefonica annuncia che nessuno è in casa. Chissà se lascerà il messaggio, la persona che ha telefonato, mi chiedo con il cuore che mi batte forte in gola. Infatti lo lascia: "Paola, Ma dove sei finita?? Fammi sapere se stai bene almeno". E' la mia amica, Maria, che cerca in tutti i modi di farmi sentire la sua presenza. E' perfino riuscita a convincermi a fare una domanda di supplenza in una scuola materna, e fortunatamente la mia domanda viene accettata. Questo mi comunica attraverso la segreteria telefonica. Mentre io, la ascolto, riconosco la sua voce, capisco i suoi messaggi, ma sono troppo debole, per muovermi. Per l'ennesima volta sento il senso di sconfitta salirmi fino alle labbra, soffocato in un grido spezzato. Ancora la solita scena che si ripete! Ma in questo momento su tutto prevale il senso di sopravvivenza. Le mie deboli forze cercano il modo di fuggire dal mio carceriere. Maria e la scuola, vengono presto archiviati.

Dopo un tempo indeterminato a pensare confusamente, sento la toppa delle chiavi girare nella serratura. E' lui che ritorna. E' quasi sera. Lo vedo con in mano un pacco di cartone. Lo poggia sul tavolo Mi guarda con aria tenera e compassionevole: "La testa ti fa male?" Non gli rispondo. Il suo disagio è avvilente e fuori luogo. Si guarda intorno, stupito di vedere tutto in ordine. Non dice nulla. Mi viene vicino, sto seduta per terra in un cantuccio. Mi solleva prendendomi in braccio. Non ho la forza di parlare, né di guardarlo. Sono un oggetto che respira. Mi porta nella nostra camera da letto azzurra, dove un giorno di 12 anni fa, mi disse che in quel luogo sarebbe entrata solo la felicità. "L'azzurro è il colore del cielo. So che a te piace volare. Ti farò volare tutte le volte che vuoi". Mi adagia lentamente sul nostro grande letto e si distende accanto a me. Mi accarezza dappertutto. Mi tocca così delicatamente da non risvegliare il dolore delle ferite. Con la stessa delicatezza, mi toglie i vestiti. La vista degli ematomi che ho sul corpo, lo rende ancora più tenero. "Domani andremo al pronto soccorso e tutto sarà finito, piccola mia". Sento il suo alito fresco mentre mi parla. Giro la testa nella direzione del suo sguardo per ricevere un bacio che mi rianimi, di nuovo il sangue mi scorre nelle vene. Sono di nuovo sua. Lui mi prende facendomi provare quel piacere che mi è necessario per vivere

Al pronto soccorso, non dico la verità. Non racconto di essere una donna picchiata e seviziata dal suo compagno. Nego qualcosa fin troppo evidente, ma che senza la mia denuncia, non ha valore. Fortunatamente come mi dice il medico: "Anche stavolta le è andata bene. Ma, ci pensi bene, lei non è di ferro. Un giorno le si romperà qualcosa sul serio". Io annuisco come faccio sempre. E sono andata via rassegnata e senza speranza di salvezza.

Tiziano è fuori che mi aspetta. Ha le mani nelle tasche del giubbotto, la testa bassa su chissà quale pensiero, e sembra voler spazzare via il tempo, scalciando qualche foglia caduta. Lo osservo a lungo per un tempo imprecisato, prima di muovere i miei passi tremanti ma decisi verso di lui. Il mio corpo mi ordina di andare via, cercando di non farmi vedere. La testa mi dice il contrario. Il duello tra testa e corpo è confuso, assurdo. Perché poi il bianco diventa nero, l'istinto alla vita mi abbandona insieme al desiderio di fuggire da lui. La salvezza mi sembra noiosa, uno sforzo inutile. La testa si mette a parlare il linguaggio del corpo e viceversa. Sono pazza, lo so. Ma non di quella pazzia che gli psichiatri classificano con nomi diversi. Chissà qual è il nome di quella forza che alla fine è più forte di tutto. Di tutto, di tutto, di tutto!!!! E…sono di nuovo SUA.

Torniamo a casa. Lungo la strada verso casa, lui mi cinge con il braccio le spalle, come se avesse paura mi rompessi. Sembriamo una coppia normale. Però non gli rivolgo la parola. Non per paura, in fondo l'ho seguito per scelta, ma perché? Perché? L'ho fatto? E' l'unica cosa che vorrei dire, urlare: ma perché ti ho seguito ancora una volta?? Entriamo nel nostro appartamento come due estranei. A un certo momento, involontariamente, i nostri occhi si incontrano. Lui li abbassa e mi volta le spalle. Prima di uscire, mi giunge la sua voce come una foglia d'erba sulla guancia: "Riposati, torno tardi stasera". Chiude la porta senza far rumore. Sono sola nella casa dei sogni. Dell'amore, delle sevizie, della violenza bruta. Vado in camera da letto e cerco tra i miei libri, quello di Walt Whitman. Purtroppo non lo trovo. C'è un tale disordine nella mia libreria! Non mi arrendo! Telefono a Maria. Fortunatamente è proprio lei a rispondermi. "Paola dove sei? Ti ho telefonata ieri. Non sei venuta poi?" "Maria, grazie per le tue premure. Veramente ti ho telefonato per sapere se hai ancora con te quella raccolta di poesie di Walt Whitman, che comprammo insieme, ricordi?"- "Non so, vado a vedere, aspetta", mi risponde come stesse parlando con una che è fuori di testa. "L'ho trovato, vuoi che te lo presti?"-"No, trova la poesia che si intitola "continuità" e se puoi dettamela. Per me è importante!"- "Va bene Paola, non oso chiederti il perché, ma farò quello che mi chiedi. Ci tengo a dirti solo questo: se hai bisogno d'aiuto…sai cosa voglio dire"-"Lo so". La interrompo quasi bruscamente.

Mi addormento con il foglio su cui avevo scritto la poesia, stretto in un pugno. Dormo ore e ore senza svegliarmi, come se volessi dormire per sempre. La voce di Tiziano, in piedi davanti a me, mi riporta alla realtà. Mi stropiccio gli occhi ancora stanchi: "Sei già tornato" gli dico come in un sogno. –"Ma…sono le 10 di sera". Si guarda intorno a disagio, non sa che dire, che fare. Mi fa quasi pena. Continua a dirmi: "Ma stai bene?" –"Sì sto bene. Non so perché ho dormito tanto. Ah, ora ricordo! Stamane ho telefonato a Maria, mi ha dettato una poesia di Walt Whitman" –"Davvero? Perché?" sussurra. Si percepisce la sua ansia, il suo sospetto. Lo tranquillizzo subito. "Vuoi che te la reciti? Scusa per la voce, è un po' rauca". Apro il foglio ancora nella mia mano, mi schiarisco la voce.

La poesia si intitola: Continuità

"Niente è mai veramente perduto, o può essere perduto,
Nessuna nascita, forma, identità - nessun oggetto del
mondo.
Nessuna vita, nessuna forza, nessuna cosa visibile;
L'apparenza non deve ostacolare, né l'ambito mutato
confonderti il cervello.
Vasto è il Tempo e lo Spazio, vasti i campi della Natura.
Il corpo, lento, freddo, vecchio - cenere e brace dei
fuochi d'un tempo,
La luce velata degli occhi tornerà a splendere al
momento giusto;
Il sole ora basso a occidente sorge costante per mattini e
meriggi;
Alle zolle gelate sempre ritorna la legge invisibile della
primavera,
Con l'erba e i fiori e i frutti estivi e il grano".

"Ti piace?", glielo chiedo come se fosse un dovere farlo.
Tanto lo so che non gli piace. Forse un tempo gli era
piaciuta ma adesso, in questo momento non può piacergli.
Infatti non mi risponde.
"Scusa forse sei stanco, vorrai dormire e io qui a recitarti
poesie. Hai mangiato almeno?"-"Non preoccuparti per me,
e non voglio dormire. Voglio parlarti"-"Dimmi ti ascolto".
–"Perché mi hai seguito? Voglio dire, sono venuto a
prenderti al pronto soccorso, ma non mi aspettavo mi
seguissi"-"Mi stai cacciando Tiziano?"-"Che dici! Questa
è casa tua, la feci costruire per te questa casa". La
commozione si impadronisce di lui, lo sento. E' troppo
profondo il solco del ricordo. Non può far nulla per
evitarlo. Né io per aiutarlo. Siamo soli e legati alla nostra
solitudine o a chissà cosa. Quello che più mi fa male non è

il ricordo delle percosse di ieri, è questa catena che mi stringe. Non ho le chiavi per aprirla. E se anche ce le avessi che me ne farei della libertà. I suoi occhi mi guardano pensare. Mi è sempre piaciuto il suo sguardo quando mi entra dentro. Ma stavolta legge male: "hai telefonato a tua madre?"-"No"-"Dovresti farlo. Se io potessi lo farei"-"Lo farò domani mattina, adesso è troppo tardi".

L'indomani, la prima cosa che ho fatto è stato telefonare a mia madre, è parecchio non lo facevo: "Pronto mamma, sono Paola...", L'emozione della sua voce, nel sentirmi, stava per rompersi in singhiozzi, ma riuscì a trattenersi: "Paola come stai?-"Va tutto bene. Se non ti ho telefonato prima è stato perché sono stata un po' fuori Napoli"- "Infatti sapessi quante volte ho provato a telefonarti, ma il telefono squillava, senza che nessuno rispondesse. Ma l'importante che stai bene. Anche se trovo la tua voce un po' stanca. –"No, è che mi sono appena svegliata.. Mamma quando posso verrò a trovarti"- "Certo cara, non mi dici più niente? Vuoi che venga io da te? Anche io ho i miei acciacchi e le mie crisi di solitudine. Ma vado avanti. Sai quanto tuo padre abbia bisogno di me".-"Ma mamma, tua sorella, zia Claudia, non viene più a trovarti come prima? E poi tu hai smesso di giocare a burraco con gli amici del circolo?"-"A dirti la verità ho interrotto un po'"- "Ma perché? fa bene a tutti, uscire, parlare, incontrare gente.."- "Perché tu lo fai?. Guarda che una madre anche se non vede sente". Cosa posso rispondere, se non: "Ti prego mamma, non esasperare le cose. Sono adulta e vaccinata. E poi ti assicuro: non ho nessuno dei problemi che immagini. Scusa mamma ma non ho le forze per continuare a parlare" Quando abbasso la cornetta del telefono, non riesco a trattenere un pianto disperato. Non devo, non posso, dire la verità a mia madre. Perché? Per preoccuparla, Per coinvolgerla nei miei labirinti mentali? Non voglio compagnia in questa battaglia che combatto contro me stessa. Nessuno all'infuori di me può conoscere la mia soluzione. Altro è la solidarietà, l'affetto, la comprensione, la vicinanza. Ma nelle decisioni importanti siamo sempre soli. E a questa verità credo nessuno possa sfuggire.

Il giorno seguente non so da dove cominciare. Sono sola in questa casa dalla quale vorrei fuggire lontano, ma non ci riesco. Qualcosa mi trattiene. Meccanicamente lavo in tutte le stanze, cerco di far sparire ogni traccia della notte di ieri o l'altro ieri, non ricordo più. Vado a fare la spesa. Compro gli ingredienti per preparare un piatto appetitoso. Forse se Tiziano si arrabbia è perché non riesco a prenderlo per la gola, come si dice. Devo avere più fantasia, cucinare con più amore. Pensare che il mio compagno torna stanco dal lavoro ed è suo desiderio trovare qualcosa di saporito da mangiare. Ma non è solo questo che trascuro. Un uomo dà importanza anche all'aspetto fisico della sua donna. Non devo trascurarmi, tanto più che ho quasi quarant'anni. Quando mi guardo allo specchio vedo una donna ancora bella ma sciatta, non curata. Una volta lui me lo rinfacciò. Vuol dire che ci tiene alla cura fisica. Intanto dalla cucina sento un odore di bruciato. Corro inutilmente a salvare quello che ho cucinato. Mi siedo sconfitta. Guardo l'ora, Tiziano sta per arrivare. Quando sento la chiave girare nella toppa mi sale il cuore in gola. Inizio a tremare di paura. "Ah, sei qui!", poi dà un'occhiata al lavello dove ho messo la padella bruciata. –"Scusa Tiziano, volevo prepararti qualcosa di buono, invece….", non riesco a terminare la frase. Mi sento troppo mortificata. "Non importa, tu come stai?", mi chiede sinceramente interessato. –"Sto bene". Lui risponde con una smorfia di non so che. Poi mi dice: "Io devo fare delle commesse nei prossimi giorni. Quindi non ci sarò". – "Quando torni?", chiedo–"non so bene, 3-4 giorni, anche una settimana".

L'indomani mattina si alza presto, più presto del solito. Io con lui. Voglio preparargli il caffè. Ma mi dice di tornare a letto e di non preoccuparmi per lui. Lo vedo andar via con una valigetta. Prima di chiudere la porta di casa dietro di sé, si gira verso di me, come se vuole dirmi qualcosa che non riesce a dire. Finalmente riesce a vincersi e a salutarmi con un: "Ti amo Paola, non dimenticarlo mai".

In questi giorni in cui Tiziano non c'è ne approfitto per comprare vestiti nuovi, andare dal parrucchiere. Farmi un nuovo look. Mi trucco, passo un bel po' di tempo davanti allo specchio. Faccio tutta una serie di cose non facevo da tempo. Come leggere libri per avere un parlare più disinvolto. E poi mi arrendo: compro un libro da cucina. Così sono sicura di non sbagliare più niente e quando vado al supermercato conosco bene gli ingredienti, quelli da comprare e quelli da non comprare. Dopo una settimana Tiziano torna. In mattinata mi avvisa con un colpo di telefono del suo ritorno. Allora mi impegno al massimo per riceverlo nel migliore dei modi. Quando sento il rumore della chiave corro nell'uscio per accoglierlo con un sorriso. Lui non appena mi vede fa una faccia strana. Mi guarda da testa a piedi, mi tocca i capelli, mi passa un dito sulle labbra. Non dice nulla. Si limita a sorridere. Ma più che un sorriso sembra un ghigno. Finalmente gli esce qualche parola di bocca, che non so perché percepisco come sarcastica: "Ma che bella sorpresa! Sai anche io ne ho una per te". Mi volta le spalle e esce di casa. Io rimango lì come un'ebete. Mi guardo in uno specchio per controllare la mia mise che mi sembra perfetta. E guardo con un po' di malinconia il tavolo che ho apparecchiato in soggiorno. Il mio pensiero corre a tanti anni fa quando anche lui nella sua vecchia casa mi fece una sorpresa simile. Organizzò tutto per una cenetta a lume di candela, proprio come ho preparato io stasera. Non ci mette molto a ritornare. "Avevi dimenticato qualcosa in macchina?", gli chiedo con tenerezza. "In un certo senso", mi risponde sempre con quel tono che non mi piace per niente. Ma cos'ha? Mi chiedo più volte. Davvero, non riesco a capire. Fino a quando esplode strappandomi il cuore: "Ma come ti sei combinata? Sai a chi somigli? A una PUTTANA". Per istinto riflesso mi metto a correre per scappare dalle sue mani violente. Ma non ci riesco. Mi prende e mi riempie di schiaffi. Poi mi afferra per i capelli gridando: "Adesso andiamo, ti insegno io a fare la PUTTANA". Mi trascina per le scale, fino all'androne del palazzo. Poi mi prende con le braccia mettendomi in piedi di fronte a lui. Con un braccio mi tiene e con l'altro apre lo sportello della macchina. Da una busta tira fuori una specie di bustino e mi urla: "ADESSO TI TOGLI QUESTO VESTITO E TI METTI QUEST'ALTRO". E' inutile pregarlo, perfino gridare aiuto. Ho l'impressione di sentire occhi di persone affacciate al balcone che assistono alla scena, ma nessuno fa nulla. Non posso fare altro che obbedirgli. Indosso quel busto. Quando mi guardo supplico: "No, no, non farmi questo, è troppo". Non è un busto normale. E' orribile. Un'umiliazione terribile! In queste condizioni mi spinge con violenza in macchina. Facendomi entrare dal lato del conducente per assicurarsi non scappi. E poi mette in moto sgommando e andando ad alta velocità. Attraversiamo zone di miseria umana, dove la gente fa i suoi bisogni davanti a tutti, mangiano per terra, nello stesso posto dove dormono. Meno male è sera, così tutto è avvolto dalle tenebre. Mi accorgo che arriviamo a destinazione, perché ferma la macchina in un piazzale. Frequentato solo da donne vestite come me, però visibilmente extracomunitarie, devono essere nigeriane. Tiziano apre lo sportello e afferrandomi per i capelli mi fa scendere dalla macchina. "Questo è il tuo posto" mi dice spingendomi forte per terra. Una donna mi dà la mano per alzarmi, chiedendomi da dove vengo. Non rispondo, lei mi guarda con commiserazione e solidarietà: "Ho capito sei appena arrivata. Ci farai l'abitudine". Tra tutte quelle donne non mi sento a disagio, sono uguale a loro pur parlando io un'altra lingua e avendo i documenti italiani. Siamo tutte vittime innocenti di un uomo. Fa freddo, la nigeriana che mi ha soccorso, mi indica il posto dove le altre ragazze stanno preparandosi un caffè. Faccio di sì con la testa e ci dirigiamo verso il gruppetto. Mentre sto per raggiungerle sento un clacson dietro di me che suona. La prima parola che dico girandomi: "Tiziano!". Ma non è lui. Un uomo dentro una macchina mi fa cenno di salire. Non so che fare. Perché non scappo? E se Tiziano è nei paraggi e mi sta controllando? Ormai lui è il mio magnaccia. Non gli posso sfuggire. L'uomo nella macchina fa suonare ancora il clacson, stavolta più forte. Ho paura di tutto. Anche di quello sconosciuto. Apro lo sportello e salgo. L'uomo mi sorride con lascivia. Però penso, nella vita di tutti i giorni deve essere una persona per bene. Chissà perché lo penso! Dopo avermi guardata, mi porta in un posto isolato e mi allunga un biglietto di cento euro. Poi mi dice "Dopo". Io faccio di sì con la testa. E lascio che lui faccia di me quello che vuole. Mentre è sopra di me, penso che lui è il secondo uomo della mia vita. Riesco a pensare solo a questo. Non avevo l'orologio ma credo sia durato poco. Lui mi riaccompagna nel piazzale e mi dà i cento euro. Quando mi vede tornare, la ragazza nigeriana mi sorride calorosamente e dà un occhiata ai soldi "Meno male era una persona per bene!", sospira. Poi mi prende la mano dicendomi: "vieni a prendere il caffè ora".

Passa la notte, inizia ad albeggiare, mi sono guadagnata 350 euro, mica male mi dico! Ad un tratto mi guardo intorno e non vedo più nessuno. Solo una macchina, è quella di Tiziano. Gli vado incontro, apro lo sportello e salgo. Non mi interessa dove mi porta. Potrebbe pure gettarmi da un ponte, non mi ribellerei. Dalle strade che percorriamo, mi sembra che stiamo tornando a casa. Gli dico solo due cose: "Visto, ho guadagnato 350 euro". E poi gli faccio notare, che siccome è quasi giorno, sarebbe più prudente se uscissi dalla macchina un po' più coperta. Lui non risponde a nessuna delle due domande, si limita a prendere dal sedile posteriore una vestaglia e darmela. Quando arriviamo a casa, corro subito nella stanza degli ospiti. Tiziano apre di forza la porta e mi ordina di andare nella nostra stanza, dopo essermi fatta una doccia. Obbedisco e come mi ha ordinato, vado a sdraiarmi accanto a lui. Sono stanca fisicamente, ho sonno. Infatti non passa molto tempo prima che mi addormenti. Al risveglio come al solito, negli ultimi tempi sono sola. Il mio compagno-magnaccia non c'è. Indosso ancora la vestaglia e sotto il bustino da prostituta. Scatto giù dal letto, con la ferma intenzione di chiedere aiuto. Al disordine della casa non faccio proprio caso. Mi lavo da quell'odore che ho addosso, l'odore di una puttana, e mi vesto con abiti normali. Cerco in rubrica il numero di qualche amico. Certo Mario potrà aiutarmi mi dico. Lo chiamo. Fortunatamente mi risponde subito. "Mario, sono Paola, devo parlarti, ho bisogno del tuo aiuto". Non riesco a finire la frase che scoppio in lacrime. Lui cerca di consolarmi e mi invita a calmarmi: "Paola non fare così. E soprattutto non piangere. Vediamoci intorno alle 12 al caffè Eva Luna in Piazza Bellini. Lì potremo parlare, a quell'ora non c'è molta gente".-"Come vuoi Mario. Sarò puntuale" Guardo l'orologio sono solo le undici. Sono costretta a chiamare un taxi per arrivare in tempo. E infatti non tardo, anzi arrivo prima io di lui. Ma non mi importa niente. Conta solo che venga. Per ammazzare il tempo compro un pacco di sigarette. Ne fumo nervosamente cinque di fila, mentre sono seduta ad aspettarlo. Finalmente riconosco la sua sagoma da lontano. Si avvicina con un sorriso. Anche io mi sforzo di farlo. Ci baciamo come due vecchi amici. Quali siamo adesso, dopo la nostra storia che non è riuscita a decollare, ormai due anni fa. Sedendosi mi dice: "Sai che sei sempre attraente, ma c'è qualcosa nel tuo sguardo che è cambiato", Non riesco a percepire il tono con cui me lo dice, se preoccupato o sarcastico. In realtà l'ho lasciato perché non sono mai riuscita a dimenticare Tiziano. Potrebbe anche coltivare anche se inconsciamente del rancore nei miei confronti. Forse sì, forse, no. Ma questo non è il momento per mettermi a fare ipotesi e contro-ipotesi. Sono con l'acqua alla gola, e Mario rappresenta per me una possibile via di salvezza. Anche per questo entro subito in argomento, senza girarci intorno per la vergogna o per timore di un rifiuto. Gli racconto quello che è successo ieri sera, ma non faccio esplicitamente,il nome di Tiziano. Confesso che ho dovuto prostituirmi perché minacciata da una banda di uomini dei quali sono diventata schiava per motivi di droga. Sì io mi drogo, gli dico guardandolo dritto in viso. E questo mio problema mi rende oggetto della volontà altrui. Mario prima di rispondermi, mi guarda…anzi sento che ha smesso di guardarmi. Adesso c'è disgusto nei suoi occhi. Paura. Orrore. Mi dice abbassando la voce, forse temendo qualcuno lo senta: "Paola, mi dispiace non posso aiutarti. Non è a me che devi chiedere aiuto. Lo sai che ti ho voluto bene, ma questo supera le mie capacità di sopportazione". Allora perdo il controllo. Comincio ad insultarlo. Sei un vigliacco, un uomo che non vale niente. Anche tu mi hai usata e poi gettata. Non sei migliore di quei criminali!! Il tempo di riprendere fiato appoggiando la fronte al palmo della mano, e quando rialzo la testa Mario è già scappato. Quel vigliacco! Si sono fatte le due e mezza del pomeriggio. Decido di non tornare a casa da Tiziano. Non ho dove andare. Dai miei genitori mi vergogno. Faccio mente locale su chi altro potrebbe aiutarmi ma non mi viene in mente nessuno. Sarà la stanchezza mi dico. Passo il giorno nascosta sotto un portico, mi siedo per terra vicino a un gruppo di barboni. Fortunatamente ho le tasche che si chiudono con la lampo. Ci metto dentro il cellulare e i soldi che ho preso con me prima di uscire di casa. E mi stendo a terra, aspettando venga il sonno. Mi sveglio con forti dolori di schiena, immersa nei cattivi odori della miseria, insieme alla povera gente. Mi vengono in mente

Maria e Luigi. Ma di lei mi vergogno, di lui no. Tiro fuori il cellulare dalla tasca con la lampo e compongo il numero di Luigi. Sono le otto del mattino, è prestissimo. Miracolo! Mi risponde. "Luigi sono Paola", mi rendo conto che la mia voce è irriconoscibile. Provata da tutti questi giorni di lacrime e rabbia. Una seconda natura è entrata dentro me. Non sono più io. Luigi non è sicuro di riconoscermi, mi chiede più volte Paola?, Paola? Forse per assurdo mi sente con il cuore più che riconoscere il suono della mia voce e capisce subito lo sto chiamando per qualcosa di grave "Paola che è successo, stai bene e i tuoi genitori?"-"Luigi possiamo vederci quanto prima?", lo prego.-"Certo! Sto andando al lavoro. Ma al diavolo! Dove vuoi ci vediamo? -"Dove sta bene a te". Mi dà appuntamento in villa comunale, davanti alle inferriate dell'ingresso principale. Ci arrivo con il taxi. Fortunatamente non sto a secco con i soldi, almeno questo! Luigi è già lì ad aspettarmi. Lo vedo da lontano camminare avanti e indietro nervosamente. La mia aria stravolta, il mio aspetto sporco e in disordine, ho l'impressione non lo sorprenda. Quando siamo l'uno di fronte all'altra, mi guarda con dolore. Andiamo a sederci su una panchina riscaldata da un sole tiepido. E io senza pudore, gli racconto tutto, ma proprio tutto. Fino all'esperienza più umiliante che Tiziano mi ha indotto a subire. Mi fa quasi pena la sua pena per me, quando lo vedo nascondersi il viso tra le mani tremanti. Forse gli faccio del male a dirgli questa verità così cruda, ma non ho alternative. Per me adesso lui rappresenta non dico la salvezza, ma un occhio pulito con cui guardarmi dentro e fuori.. Teme nel dirmi quello che pensa, di ferirmi ancor di più, glielo leggo in faccia. Ma lo incoraggio e lo rassicuro sul mio bisogno di ricevere qualsiasi risposta, anche la più dura e cruda. Luigi non mi fa un discorso lungo, mi dice poche, ma intense parole: "Paola, lo sai che puoi contare su di me materialmente e non solo, puoi confidarti con me, senza paura di essere giudicata. Ma il tuo principale problema puoi risolverlo solo tu. Solo tu puoi aiutarti. Capisci cosa voglio dire?" Certo che capisco quello che vuole dirmi! Potrei denunciare Tiziano e non lo faccio. Potrei scappare da lui e non lo faccio. Perché?? Nessuno conosce la risposta, solo io.

Torno a casa all'una di pomeriggio. Nell'ora che detesto di più. Forse perché è un momento della giornata, disabitato in certi posti interni. Perciò i ladri ne approfittano per derubare i più deboli, per introdursi negli appartamenti e saccheggiarli, così come gli stupratori approfittano del silenzio di certe zone per violentare le donne.

La casa affoga nella sporcizia e nel disordine. Anche i panni sporchi accumulati nel porta-panni, andrebbero lavati. Meglio non posare lo sguardo Ormai il legame con questa casa è spezzato. Ma allora che ci faccio qui? Lo sto aspettando forse? Aspetto il mio magnaccia? Quando sento le chiavi girare nella toppa, non ho alcuna forma di reazione. Rimango seduta sul divano a guardare la TV, con lo sguardo fisso chissà dove. Tiziano mi si para davanti, barcollando sulle gambe e gli occhi lucidi di cattiveria. Non è solo. Mi accorgo che altre persone lo seguono nel soggiorno. Giro istintivamente la testa verso quei passi. Da non credere! Sono gli stessi uomini di quella maledetta sera, quando questo incubo ha avuto inizio. Li riconosco da quel modo sguaiato di ridere. Tiziano come un capo branco, mi ordina di alzarmi e salutare, e di filare nella nostra stanza. Faccio quello che mi dice. Sono così stordita che non mi accorgo mi sta seguendo e entra a sorpresa anche lui subito dopo di me. Con quella voce da ubriacone mi ordina: "Indossa quel vestito da puttana. Stasera non avrai il compito di attirare i clienti. Te li ho portati io fino a casa". Con suo grande stupore non reagisco, accetto il suo ordine come una cosa normale. Indosso quell'umiliante vestito, mi trucco in modo molto marcato e mi lego i capelli incolti. Sono pronta. Quella notte sei uomini mi prendono a turno. L'ultimo prima di andar via, dice che il piacere è finito: adesso posso pure dormire. Le altre notti, Tiziano mi porta a prostituirmi nel piazzale in mezzo alle altre. E dopo "il lavoro", a casa spesso mi premia dandomi la botta di sesso finale. In queste condizioni non so proprio come riesco a sentirmi un essere umano. Eppure, anche se all'inizio è dura, giorno dopo giorno l'umiliazione e l'auto umiliazione alla quale inconsciamente e con coscienza, mi sottopongo, mi diventa familiare. Quel mare di fango di abitudini diventano la mia vita quotidiana. Posso scappare, Mi basta correre da mia madre. Lui non mi tiene rinchiusa. Solo in sua presenza sono schiava. La mattina dalle 10 in poi, ora in cui di solito mi sveglio, fino alle, minimo 19 di sera, ora in cui rientra Tiziano, sono un lasso di tempo più che sufficiente per salvarmi. Ma non lo faccio. C'è una complicità strana che mi lega a quell'uomo. Una morbosa voglia di sapere cosa gli passa per la testa. Perchè infierisce così contro di me. La giornata vola, in preda alle mie ossessioni. Spesso mi dimentico di mangiare, a meno che lo stomaco non urli le sue esigenze. Quando lui rientra, non sento quasi più il giro delle chiavi nella toppa. Non a appena lo vedo, non importa leggere la sua espressione, corro a prepararmi. Lo faccio come un automa. Non parliamo quasi più. Una sera lui mi dice di restare a casa e di fare quello che voglio. Ha invitato quei suoi amici ubriaconi come lui, e a quanto pare hanno l'aria di chi non è disponibile al divertimento. Temo lo stesso, quando Tiziano mi ordina di andare a salutarli e a preparare per loro qualcosa da mangiare. Mi guardano stavolta come fossi un soprammobile. Non fanno mai caso a me. Ma io non smetto di osservarli. Soprattutto per paura. Il ricordo di quella notte mi è ancora appiccicato addosso come una seconda pelle che non si toglie. Mi ritiro come un'ombra nella mia stanza e mi sdraio sul letto a peso morto. Voglio dormire ma non riesco a farlo. Quando come un botto che scoppia all'improvviso, sussulto per un urlo che arriva dalla stanza dove mangiano e parlano Tiziano e i suoi amici. Riconosco poi la voce di Tiziano che protesta forte: "a causa vostra mi ritrovo senza la mia pompa di benzina, e adesso volete escludermi dalla ditta!". Dunque è così che stanno le cose. Tiziano ha perso il lavoro e si è fatto assumere come autotrasportatore. Questi uomini sono quindi suoi colleghi. Ma perché non dirmi niente? Coinvolgendomi in modo così umiliante nei suoi problemi. Mi alzo dal letto, ormai anche la voglia di prendere sonno m'è passata del tutto. Intanto di là il tono concitato della discussione continua a salire. Le voci litigano così confusamente tra loro, che non è possibile distinguere l'una dall'altra. Approfitto di questo momento di caos tra loro, per sgattaiolare via. Percorro il corridoio in punta di piedi, fortunatamente la porta dietro la quale volano parole grosse, insulti, recriminazioni, è chiusa. Sembra una riunione massonica. Non mi è difficile arrivare alla porta di casa, aprirla e fare attenzione a richiuderla dietro di me, facendo il minimo rumore. Anche se penso, l'avessi pure sbattuta, nessuno ci avrebbe fatto caso! Scendo di corsa le scale, fino all'androne. Spalanco con forza la porta del palazzo, come se fuori mi aspetta la libertà. Invece vengo schiaffeggiata da una zaffata di freddo pungente. Guardo in alto. Ci sono tante stelle nel cielo. Cerco fra le tante la mia, quella che potrà condurmi alla strada giusta. Ma non la trovo. Avrei potuto comunque correre via, andare alla polizia per denunciarli tutti. Ma no, mi dico, non ho le forze per sopportare domande che avrebbero indagato nella mia vita con un inconscia pruriginosa goliardia. E poi come avrei giustificato tutti questi mesi di silenzio e accettazione. A questo punto, me ne rendo conto da sola, sono complice di quelle violenze. Ormai anche la violenza subita con dolore e umiliazione mi accusa. Mi sembra vederla incarnarsi davanti a me. Si tratta di una donna che vagamente mi somiglia. Ma ha gli occhi rossi iniettati di sangue. Mi punta l'indice contro gridandomi come un'ossessa: "Giuda, Giuda, Giudaaaaaaa"! E' lacerante quel grido, mi difendo coprendomi istintivamente le orecchie e reclinando il capo prima in avanti poi indietro, fino a che sento una botta in testa. Ho sbattuto contro la portiera della palazzina. Quel colpo serve almeno a ridestarmi da quella sorta di lucida allucinazione. Sento il freddo pungermi, le stelle sempre più lontane come la mia speranza di salvezza. Rientro nel palazzo, chiudendo bene la portiera. Come un automa attraverso l'androne verso le scale. Mentre salgo continuo a pensare da chi avrei potuto rifugiarmi. Dai miei genitori non ci sarei mai andata, non li avrei mai messi al corrente di una storia così squallida, né tanto-meno avrei coinvolto Luigi e Maria. Busso al campanello di casa con questa convinzione: il mio rifugio è solo Tiziano.

Una mattina decido di alzare il ricevitore del telefono e rispondere.
Di solito c'è sempre la segreteria telefonica.
Come al solito è mia madre. "Ciao mamma, rispondo con voce assonnata"-"finalmente Paola, sto provando da quasi

un mese di mettermi in contatto con te…”-“Sì la interrompo subito “Eravamo in viaggio. Siamo tornati proprio ieri. Tu e papà come state?” Cerco con tutte le forze di dirottare la conversazione verso argomenti quotidiani. “Stiamo bene. Grazie a Dio. Vedi Paola, ci chiediamo sempre come possa stare tu. Sei così assente. C'è sempre questa benedetta segreteria telefonica….”. Mia madre parla a scatti, come chi è imbarazzato, ha paura, ha un brutto presentimento. La tranquillizzo il meglio che posso. Cos'altro avrei potuto fare? Racconto bugie buone. Quanti equilibri non si spezzano grazie a queste bugie! Forse alimentano il sospetto. Ma nulla fa più male della verità quando è crudele.

Nonostante lo squallore morale in cui vivo, parlare con mia madre aveva sempre il potere di sciogliere qualcosa che ormai credevo persa, invece no. Mi ricorda la frase di non so quale film: “nulla è morto finché non è morto”. Prendo lo specchio che sta sul comodino a fianco al letto per guardare il mio volto da vicino. Strano, lo riconosco. Nonostante sia diventato più magro e abbia qualche ruga in più. Lo faccio roteare per fermarmi su ogni particolare del viso. Ma non sono mai stata molto brava a concentrarmi sulle forme. Riesco a cogliere le espressioni. E quelle solo gli occhi le riflettono. I miei occhi sono due pozzi neri. Anche se ci vedono non si può guardare in essi tanto hanno perso luce. Guardarli infatti mi fa paura. Rimetto lo specchio sul comò con un gesto brusco, come per allontanare un fantasma, il mio.

Quando Tiziano torna intorno alla solita ora, è sorpreso di trovare la casa pulita e in ordine. Io sto come al solito davanti alla Tv. Non mi giro al rumore dei suoi passi. Ma quando me lo vedo davanti, mi prende una rabbia che non avevo previsto. Scatto in piedi, afferro un oggetto pesante e glielo scaglio addosso. Poi mi difendo afferrando una sedia. Quel figlio di puttana riesce a scansare l'oggetto, ma si vede che nello sguardo gli brilla un terrore di morte. Allora mette le mani avanti, invitandomi a calmarmi: "metti giù quella sedia. Non ti farò del male. Sediamoci e parliamo. Lo so che hai qualcosa da dirmi". Mi stupisce il suo controllo della situazione. Segno della sua lucidità. Lui non è dunque fuori di sé quando mi picchia o mi costringe a fare quella vita. Adesso lo capisco. Intanto metto giù la sedia, come mi consiglia. Siamo uno di fronte all'altro. Mi scruta con quei suoi occhi da tutto: amante, carnefice, diavolo. Aspetta cominci io a parlare. Seduta su quella sedia mi guardo le cosce che ho torturato a sangue con le unghia: "Farabutto, criminale", gli grido con tutta la forza soffocata in gola. "Ho scoperto tutto! Mi hai messa sul marciapiede come il più sporco degli sfruttatori!". Intanto la mia voce esce fuori, ma mi sento così frustrata per non riuscire a esprimergli a parole tutto lo schifo e il disprezzo con il quale vorrei seppellirlo! Però sento il mio sguardo di fuoco, che riacquista tutta la sua luce, e lo fissa diritto negli occhi con una violenza tale di cui non lo credevo capace. Infatti Tiziano non riesce a sostenerlo. Ma non per questo non mi dimostra di essere sempre lui il più forte. Non posso nulla contro quell'uomo, quando, si alza di scatto, mi prende a forza tra le braccia. Dà un colpo in testa alla mia ribellione e stordita mi porta nella nostra stanza da letto, sdraiandomi dolcemente sul letto. Dov'è finito il mio coraggio, la mia forza di resistenza, dove? Mentre queste domande mi martellano il cervello, il mio corpo non reagisce più. E' troppo debole o forse rassegnato, per farlo Si abbandona completamente come fosse senza vita. Anche il mio sguardo, che per un momento si era acceso di fuoco, si spegne di nuovo. Ho la testa reclinata su un lato. Il suo fiato mi toglie l'aria. Mentre mi parla con voce suadente, mi prende come un uomo fa con la sua donna, provocandomi un diabolico benessere. Come se io fossi stata creata per lui, nel bene e nel male.

Tutto come prima. Ma io sto cambiando, e certo non in meglio. Quelle cose che prima facevo con disgusto e umiliazione, piano-piano, le accetto come naturali. Sono entrata in quello sporco gioco, ed avere una parte, qualunque essa sia, mi gratifica quasi. Non sono rare le volte che mi ritrovo a parlare con Tiziano del suo problema di soldi. Me lo racconta a fasi alterne. A seconda di come sta con l'umore. Ma lo capisco. Forse sono scesa all'inferno per farlo, ma l'ho fatto con coscienza, senza costrizione. L'orologio della mia testa è regolato alla sua stessa ora. Addirittura quando in una sera riuscivo a guadagnare una cifra particolarmente alta, correvo sinceramente contenta verso la sua macchina, piena di euforia al punto che se per sbaglio m'avesse investita, non mi sarei fatta male. Anche lui sta cambiando. Non è diventato quello di prima, questo no, ma mi sembra sia soddisfatto di me, credo, il mio nuovo comportamento, lo consideri una prova di fedeltà. Infatti non mi sbaglio. Una sera, in un momento di intimità fra noi, mi confessa che, nonostante le difficoltà abbia attraversato il nostro rapporto, gli piace questa nostra unione basata su una complicità, sbagliata forse, ma ferrea, che niente, solo la morte avrebbe potuto spezzare. Anche se tante volte, specie la mattina quando mi ritrovo sola, mi chiedo perché. Perché farsi aiutare da me, mettendomi sulla strada? Ve ne erano tanti di lavori da fare. Certo, mi rendo conto della crisi dell'occupazione, ma avrei potuto fare la cameriera in tanti posti. Quando, un giorno, glielo faccio notare, per poco non mi divora con un ringhio di rabbia. Nel suo sguardo si accende una luce cattiva e mi colpisce con un pugno in pieno viso, facendomi sanguinare. "Ecco- sbraita a pugni stretti, -per minimo tre giorni non potrai lavorare, ti rendi conto? LO SAI QUANTO GUADAGNA UNA CAMERIERA? LO SAI, EH? NEMMENO LA METÀ DI QUELLO CHE GUADAGNI TU?E POI FAI UN LAVORO ONESTO. RUBI, UCCIDI, RAPISCI I BAMBINI? Mi sfonda i timpani mentre me lo urla come un ossesso. Non ho la forza di rispondere, né di piangere. Solo il naso e la bocca sanguinano, tingendo di rosso le lenzuola. Lui si allontana con un passo così rumoroso che avrebbe potuto rompere i vetri e staccare i quadri dalle pareti, fino a sbattere con forza la porta d'entrata.

Per giorni non si fa vedere a casa. Ma io la notte continuo a fare la stessa vita. Indosso quel disgustoso vestito, mi trucco pesante e una volta fuori sul ciglio della strada principale faccio l'autostop. A volte rimorchio qualche autostoppista. Quando mi capita il guadagno è quasi il doppio. Sul piazzale incontro sempre le solite. Di rado vedo qualche ragazza nuova. Se ne scorgo una, le vado vicino con molto calore umano e le offro per quel che posso la mia solidarietà. Ogni ragazza che mi accorgo sia nuova, mi ricorda me ai primi tempi. Anche se spesso si tratta di ragazze molto giovani, solitamente straniere, con lo sguardo smarrito in cerca d'aiuto. Non sono proprio una veterana del mestiere, ma cerco sempre di consolare con parole di circostanze queste poverine. Non posso fare a meno di immedesimarmi. In molte, quelle giovanissime, vedo la figlia che non ho potuto avere. Chissà se Tiziano e io avessimo avuto un figlio, forse la nostra vita sarebbe stata diversa. Più normale. Ma cos'è la normalità? In fondo come mi aveva gridato lui: non rubo e non uccido. Faccio un mestiere che mi rende bene economicamente e che regala momenti di godimento agli altri. Uso sempre il preservativo nei rapporti, allora dove sta il male?

Quando torno a casa, più stanca del solito, mi getto a peso morto sul letto, nella speranza di dormire. Sono troppo stanca. Non ci riesco. Allora approfitto di questi momenti rubati alla quotidianeità ripetitiva e mi metto a cercare qualcosa da leggere. Impresa non facile, dato il mio disordine. Tiro fuori molti libri e quaderni, li sfoglio e li lancio sul pavimento. Uno, ferma la mia attenzione. Si tratta di un foglio doppio di cartone, che chissà come, è finito tra i libri. Vi avevo annotato un pensiero. Attività che amavo fare quando frequentavo l'università. Mi commuove quasi rivedere la mia scrittura di quando ero poco più che una ragazzina. Leggo con avidità quello che vi è scritto in stampatello: "**La presunzione del bene. Avere un'idea forte, che non ammette altre ragioni al di fuori della propria, penso contenga in sé un potenziale distruttivo infinito. Le stragi più efferate dell'umanità, dai Tribunali della Santa inquisizione, ai forni crematori, i campi di concentramento, fino ad arrivare alle più moderne forme di terrorismo, sono armate dal fuoco di un concetto di bene assoluto. La corruzione o sporcizia morale, ha un limite: può essere arginata da un interesse. Insomma la morale si può comprare quando è solo uno strumento.**

Ma se è una convinzione estrema, al limite della follia, può creare mostri".

Le avevo scritte proprio io quelle cose. Non so in questo

momento se esserne fiera o rimanere allibita. Quelle parole oggi, riflettono il mio pensiero o la mia vita? Forse anticipavano le scelte che avrei fatto. Se al tempo, avessi prestato più attenzione a quello scritto, non mi sentirei oggi precipitata in questi pozzi neri dei miei occhi. Credo succeda a molti. Rimpiangere, dirsi che se la macchina inesistente della vita potesse tornare indietro, quante cose non avremmo fatte e quante altre sì.

Ma mentre rimetto quel pezzo di cartone i mezzo ai libri, dove l'ho trovato, quel gesto mi restituisce la familiarità con la persona che sono. Niente più dubbi.

Ci sono tanti modi di vivere, e il mio non è quello peggiore.

Ormai il sole filtra dappertutto, non si può evitarlo. A meno che non chiuda le tapparelle di tutte le finestre e i balconi. Ma non posso. Né lo voglio. Decido di chiamare con calma mia madre. L'ultima volta che ci siamo sentite, l'ho lasciata in uno stato di apprensione, che non mi sembra giusto sopporti. Risponde al primo squillo. Fortunatamente risponde lei e non mio padre. E' più facile ingannare una madre che non un padre. Ma questa è un'opinione molto personale e forse si basa sulla conoscenza che ho dei miei genitori. Il sole luminoso di quella giornata non può competere con la splendida gioia di mia madre al suono della mia voce. Non ci diciamo niente di importante. Io poi evito di cadere su argomenti seri e difficili. Và tutto bene. Sono felice. La nostra condizione economica ci permette di viaggiare spesso. L'unico cruccio è quel figlio tanto desiderato e non arrivato. Ma non mi rendo conto, che il mio racconto contiene un vuoto non da poco. Possibile che non trovo un po' di tempo per andarli a trovare? E così le prometto che avrei fatto una scappata nel pomeriggio. Dopo aver messo a posto la cornetta del ricevitore, mi passo la mano tra i capelli per la complicazione in cui mi ero cacciata. Volevo fare una cosa buona, e alla fine mi ritrovo in una situazione difficilissima da gestire. Come avrei fatto? Se Tiziano fosse tornato? E io, ho il volto sfatto per la stanchezza. I capelli poi…quelli di una…ma non finisco la frase nemmeno mentalmente. Per me andare da mia madre, vuol anche dire, reincontrare il mio quartiere, la vita di prima, con le mie abitudini, convinzioni. Non è per niente facile! Rientrare anche se per poco in un ruolo a cui non solo ho rinunciato, gettandolo tra i rifiuti, l'ho profanato! Ormai sono davvero un'altra. Quell'altra. Quella che si indica da lontano con disprezzo. Evitando di incrociare la sua strada. Ma se mai dovesse capitare di farlo, ci si turerebbe il naso, si abbasserebbero gli occhi per la vergogna. Le signore più pie si farebbero il segno di croce. Tra questi pensieri e la realtà passano molte ore. Devo sbrigarmi. Decido di andare dal parrucchiere, non lontano da casa. E da lì sarei andata da mia madre. E' stata dura indossare di nuovo il vecchio abito, ma l'abbraccio di mia madre mi compensa di tutto questo stress vissuto. Non rimango molto. Non aspetto nemmeno l'arrivo di mio padre. Che a dir la verità, forse l'ha fatto apposta a non farsi trovare. Anche per questo, la mia visita è stata breve ma intensa. Mi commuove, lungo la strada del ritorno, il ricordo degli occhi di mia madre. Il modo in cui mi guardava. Credo come solo una madre possa fare. Fortunatamente Tiziano non torna neanche quella sera. Ho proprio bisogno di stare sola con la mia solitudine. Sono seduta sulla sedia di cucina. Spero qualche fantasma si materializzi per insultarmi. Ma niente. Concludo la serata, mangiando qualcosa e prendendo un farmaco per dormire. Devo dormire! Il sonno avrebbe cancellato l'emozione imprevista di quel giorno, e tutto avrebbe ripreso il suo corso.

Strano, erano passati quasi quindici giorni e di Tiziano neanche l'ombra. Strano anche che non mi preoccupassi più di tanto. Il mio cuore, credo avesse smesso di battere per lui. E non da poco. Però c'era ancora un legame molto forte tra noi, al quale non avrei saputo dare un nome. Forse non aveva un solo nome. Ne aveva tanti. Si può essere legati con mille fili di ferro a qualcuno, ma non per questo amarlo di quell'amore che cantano i poeti e ci insegnano da piccoli.

La mia vita continuava a essere quella di sempre. Di giorno dormivo e la sera raggiungevo il piazzale facendo l'autostop. Lì ci trovavo le mie abituali colleghe, qualcuna nuova e quell'ambiente di gentaglia che fa di tutto. Oltre a vendere corpi di donne, si vendeva ogni tipo di droga. Da quelle parti di sicuro si riunivano chissà dove precisamente, per organizzare affari loschi. Il buio della notte come un mantello nero copriva le miserie sordide e cupe di un'umanità sulla quale è inutile interrogarsi. Io cercavo di guardare il meno possibile intorno, facevo il mio lavoro e basta. Nei momenti di pausa, chiacchieravo con le donne con cui condividevo il lavoro, il caffè, qualche informazione importante per non cacciarsi nei guai. Tra molte di noi si era stretto un legame che potrei chiamare una sorta di complicità, in certi momenti anche giocosa. Non era raro infatti vederci ridere insieme. La vita è così. Anche nelle situazioni più squallide e cupe, si insinua sempre una ragione per divertirsi. Il più delle volte condividevamo la paura. Quella dominava su tutto. Spesso mi veniva da pensare all'opinione della gente "per bene" sulle prostitute. Convinte che la maggior parte lo diventi per vocazione. Che assurdità! Quelle che ho conosciuto io erano tutte vittime di un magnaccia. E' vero, molte erano travestiti. Ma lo facevano inizialmente per disperazione. Dovevano procurarsi i soldi necessari per sottoporsi all'intervento chirurgico. Si può misurare la disperazione? E' quantificabile? Stabilire chi è disperato da uno a cento? Perché? Alcune ragioni hanno un limite di comprensione.

E tutta quella umanità che non rientra nei campionari delle indagini sociologiche? Non esiste? Molti sono stati miei clienti. Chi sono? Quelli che hanno problemi, di qualsiasi natura, fisica, psicologica che vivono in universi così sconosciuti! Di giorno camminano tra la gente normale. Prendono il tram, vanno al bar, a lavorare. Ma sono invisibili. Nel senso che nessuno fa caso a loro, alla loro presenza. La gente perbene di solito ama salutare e fare amicizia con persone belle, eleganti, simpatiche. Ma anche questo non si può quantificare. Ci sono persone brutte, goffe, e antipatiche, circondate da amici, conoscenti. E altri belli, ricchi e famosi che dietro le quinte confessano di essere delle maschere sorridenti. Cosi và la vita. Questo mondo così pazzo e indecifrabile, eppur sempre lucido! Mai, si è sbagliato di direzione, nonostante le più brutali catastrofi e i più banali incidenti, non si è mai fermato. Non è mai caduto. La vita è una giostra che non smette di girare. Tanti uomini e donne scendono dalla giostra della vita. Alcuni lo fanno perché troppo malati, altri vengono spinti fuori dagli altri. Tra questi, molti diventano miei clienti. Con alcuni si è creato perfino un rapporto di solidarietà molto forte. Ad alcune succedeva addirittura di innamorarsi di un proprio cliente, ad altre purtroppo di essere vittima di pazzi maniaci, che le costringevano a soddisfare tutte le loro perversioni. O di essere malmenate fisicamente, quasi uccise dalla violenza bruta di una mano che potrebbe appartenere a chiunque. A me fortunatamente, non era mai successo di imbattermi in persone del genere. Ma sapevo che il rischio era costante e alto.

Dopo 20 giorni di assenza, Tiziano torna a casa. Arriva alla solita ora. Stavolta appena lo sento girare le chiavi nella toppa, mi alzo per accoglierlo. In piedi nell'atrio, le mani sudate chiuse dietro la schiena, ho l'aria di una scolaretta timida. Quando lo vedo, la sua solita espressione su un volto che mi sembra più magro e affaticato, provo una stretta al cuore, un moto di pietà. Un sentimento nuovo, che per Tiziano non avevo mai provato. Mi passano nella mente, velocemente come un fulmine, queste tre parole, desiderio, paura, pietà. Anche se mi fa meno paura, gli chiedo con circospezione il perché di questa sua lunga assenza. Per essere più cauta, gli dico: "è dipesa forse da me?". Lui mi guarda come se fossi un mobile parlante. Sembra trasecolato di trovarmi lì.-
"che, che hai fatto in questi giorni?". Come che ho fatto, avrei voluto spezzargli i timpani e se ne fossi stata capace e qualche altra parte del corpo e magari del cuore e dell'anima(ammesso ne avesse una). Invece con grande self control gli rispondo: " La solita vita. Intorno alle venti uscivo per raggiungere il piazzale, dove sai, lavoro. Tornavo a casa all'alba e cercavo di dormire. E quando mi sentivo più in forze andavo a fare la spesa, poi pulivo e mettevo in ordine la casa". Mi ascolta attentamente, camminando a piccoli passi con la testa bassa. Poi di scatto

si gira verso di me: "Sei pazza! Perché rimani in questa casa? Perché hai accettato di fare questa vita?". Il suo tono è cupo come il sibilare del vento quando entra nelle case buie e fa sbattere le porte. Ma in realtà non è il vento che fa sbattere le porte, sono i fantasmi. Non gli rispondo. Sarebbe stato inutile. Lui non mi avrebbe capita. Così come io non ho mai capito prima il suo amore, poi la sua violenza sorda, umiliante, quotidiana. Tiziano, avrei voluto dirgli, la risposta è dentro di me. E tu là non puoi entrare. Non mi puoi maltrattare. Invece mi uscirono queste parole: "Se ti avessi dato un figlio, la nostra vita sarebbe stata diversa? Saremmo stati una coppia felice, pieni di energia per un figlio da crescere…". Mi interrompo come qualcosa che si spezza. Tiziano alza lo sguardo su di me. Capisco di non essermi sbagliata. Lui aveva cominciato a bere, quando seppe con sicurezza che non avremmo mai avuto un figlio. Non mi fu difficile immaginare, tutto ciò che ne seguì. I soldi persi, le amicizie sbagliate, fino a indebitarsi al punto da vendere a uno di quei sciacalli la pompa di benzina. E chissà, qualcuno addirittura lo ricattava, probabilmente qualche usuraio. Che scenario edificante penso tra me e me, sorridendo con sarcasmo. Guardo l'orologio, segna quasi le venti e trenta. Sono in ritardo. Mi preparo in fretta e furia sotto lo sguardo inebetito di Tiziano. Una volta pronta gli dico, gli ordino quasi: "Andiamo!". Lungo il tragitto in macchina, ho un'aria quasi contenta. Non so perché. Mi rendo conto che Tiziano ogni tanto mi lancia delle occhiate. Mai ricambiate. Nemmeno col pensiero. Quando arriviamo a destinazione, scendo in fretta dalla macchina. Quella sera fa particolarmente freddo. Tiziano suona il clacson per attirare la mia attenzione. Quando mi volto verso di lui, lo vedo abbracciato al volante con la testa reclinata verso il basso. La posizione di quelli che si vergognano persino di loro stessi. Mi distoglie da questa scena, il richiamo di alcune mie colleghe che stanno riscaldandosi davanti a una fiamma che hanno acceso con del legno. Nonostante il freddo e la paura, si ride, si fuma, ci si confida e si trova lì quel calore che tutti cercano nella vita, ma pochi fortunati ricevono.

Quella sera, la macchina di Tiziano non si muove. Parcheggia in un angolo e lì la ritrovo all'ora in cui solitamente termino il mio lavoro. Apro piano la portiera. L'abitacolo è completamente immerso nell'oscurità ma la presenza imponente di Tiziano, nonostante il suo essere sempre di scuro vestito, non so, illumina il buio. Saranno i suoi occhi, mi dicevo tra me e me. Mi siedo senza neanche guardarlo. Ho paura di farlo. Sento il suo sguardo su di me, mentre accende il motore. Appoggio la testa sullo schienale, abbandonandomi al sonno. Mi sveglio tra le sue braccia. Siamo sotto l'arco della porta di casa. Mi fa cenno di continuare a riposare. In effetti sono intorpidita e istintivamente non voglio scendere dalle sue braccia. Ancora una volta, nella lotta fra il cuore e la ragione, vincono i miei sensi caldi di piacere. Poche cose, in tutta la mia vita mi hanno fatto stare bene come le braccia di Tiziano. Perché lottare quando sai che perderai?

Apro gli occhi su una splendida giornata di sole. Non me ne accorgo subito, ma non sono sola nel letto. C'è lui ad aumentare il tepore del mio corpo. Ormai ho perso l'abitudine di risvegliarmi con la sua presenza accanto. Mi ricorda i nostri primi anni insieme, così ebbri di una lontananza da sogno. Quante volte mi sarò chiesta: qual è il sogno e quale la realtà. Quando mi interrogavo troppo sul mio rapporto con Tiziano, la testa mi faceva male, specie se lo facevo in un giorno di sole. Lui è seduto, contro lo schienale del letto. Devo rigirarmi su me stessa e mettermi in ginocchio per guardarlo di fronte. Ci guardiamo a lungo. Sguardi d'attesa. Di imbarazzo. Mi sto arrendendo al silenzio, quando lui sussurra: "Mi ami ancora, Paola?". Impossibile! Inimmaginabile quella domanda! Neanche le mie orecchie possono credere a sé stesse. Riescono a sentire l'eco di quelle parole rimasto nell'aria. La realtà supera l'immaginazione, diceva Pirandello, gli rispondo. "Lo so che sei una donna colta", sospira. "Ma io te lo sto chiedendo adesso se mi ami. La tua intelligenza sono sicuro mi capisce, e il tuo cuore anche". "Ok Tiziano, sta diventando una partita di scacchi il nostro rapporto. E tu vuoi sapere se sei sempre il re? Vero? E' così?"-"Il tuo re, Paola! E' diverso. Sei d'accordo?". "Tiziano se non ti amassi non avrei accettato tutto questo", gli dico, come si recita una battuta a teatro. Ma subito dopo mi copro il viso. Voglio piangere per la vergogna. Ma non davanti a lui. Questo è troppo! Salto giù dal letto, prendo qualcosa da mettermi, e vado in bagno a farmi una doccia. Esco di casa senza neanche salutarlo. Non è necessario. Si, di questo ne sono convinta! Bastano due gambe per scappare via e aria nuova per respirare la libertà? No, certo che no! Però almeno posso schiarirmi le idee. Stare lontano per un po' dalla mia prigione e dal mio carceriere. Siamo liberi di scegliere di incatenarci. Ma spezzarle dopo è molto più difficile. Questa frase l'avevo sentita o letta, non ricordo. La sua verità è la freschezza dell'aria che cerco. I sensi e il cuore sono stupidi, amano e odiano senza un perché, però sono tenaci. Sottomettono la più acuta delle intelligenze. Perché lo avevo incontrato? Avrei maledetto quel giorno, anche a costo di cancellare i momenti belli vissuti insieme. Cammino senza meta a lungo. Un tram mi viene incontro, gli faccio segno per salire. Vorrei arrivare nei pressi del mare. Il tempo del tragitto mi è gradevole per pensare. Molta gente durante il viaggio su un mezzo di trasporto, ripercorre la propria vita. Tra gli scossoni e le spinte di un mondo anonimo è più facile parlare con sé stessi. Anche se tutto dipende dal perché ci si imbarca. Anni fa, mi perdevo volentieri negli sguardi persi della gente. I luoghi pubblici, erano per me osservatori privilegiati da cui guardare le diverse prospettive dell'umanità, di cui sentivo far parte e allo stesso tempo, avevo la possibilità di estraniarmi. Adesso, sono tutti invisibili, come mi sento io per loro, uscita fuori dai ruoli accettabili della società. Perché anche se sono vestita come loro, nella mia testa so chi sono diventata. Qualcuno che nessuno tra questi, avrebbe potuto non solo accettare, ma sedere per caso accanto. O chiedere con un sorriso "permesso deve scendere. Prego signora". Tra il prima e il dopo….

…E' piacevole navigare. Fortunatamente trovo un posto per sedermi, posso guardare il mare. E' color cobalto, il mio preferito. Il suo odore acre e pungente, diventa subito il mio respiro. Proprio come quello di Tiziano, non posso fare a meno di pensare. Ma possibile che in testa ai miei pensieri ci sia sempre lui! Dal capolinea al lungomare il tratto è breve. Passeggio al ritmo dell'infrangersi dolce delle onde contro gli scogli. Da quanto non guardo un tramonto! Che emozione, come tutto nella natura si ritiri e diventi un lento partire verso la fine! Mi compiaccio nel constatare, che nonostante il mio cambiamento, sono sempre sensibile alla poesia. Quella non è in vendita. Ci salverà o ci abbandonerà impotente in questa discesa agli inferi? L'innocenza e la purezza nulla possono contro la corruzione. In un mondo di corrotti il più corrotto è il re. Anche questa frase era stata detta da un uomo celebre di cui non ricordo il nome.

Quando torno a casa è tardi per andare a lavorare. La porta è stranamente semichiusa. Entro con circospezione. Tutto a posto. Trovo Tiziano che mangia in camera da pranzo. Accortosi della mia presenza, si alza dicendo: "vado a prenderti un coperchio. Niente di che. Minestrone e una crostata di pasticceria". Naturalmente, non mi dà la possibilità di parlare. Ha già deciso. Devo solo sedermi e mangiare. E' tanto non mangiamo insieme. Mi sento molto a disagio. Ogni tanto alza lo sguardo su di me. Per osservare le mie reazioni, forse. Non osa domandarmi dove sia stata. Sembra sinceramente disinteressato alla cosa. L'unica cosa che tiene a farmi sapere è: "sai, non sono andato al lavoro oggi"-"Neanch'io", gli rispondo con naturalezza. "Potremo andare al cinema, o…."-"Tiziano, lo interrompo subito, con un tono severo e distante". Per caricare di peso l'atmosfera mi alzo in piedi. Ma non lo faccio volutamente. Mi viene spontaneo. "Oggi pomeriggio, ho passeggiato lungo il mare. Ho goduto di un tramonto bellissimo. Ti prego, non insozzarmi la giornata". Sì, uso proprio questo termine. E' il mio stupido cuore amante della poesia a suggerirmelo. Lo offendo di brutto, questo è sicuro. Ma sinceramente non so dove voglia arrivare quando mi rinfaccia quasi: "Neanche quattro ore fa mi dici che mi ami. Che dunque hai bisogno di me. Scommetto che se ti prendo sarai mia come sempre. E allora?"-"Allora, sì caro, amore. Scommetti bene! Forza! Guardami con quel tuo sguardo irresistibile, e dopo prendimi come fai sempre. Anche senza usare la violenza

112

ci riuscirai. Ti prego, fallo!", gli supplico quasi. Con dolcezza, mi fa sua. Piango. Non di godimento. Ma per l'umiliazione di desiderarlo ancora!

Ma che m'importa dei tramonti infuocati, della poesia della vita.
Dell'innocenza che annega nel fango. Da domani do un calcio a tutti i dubbi, ai tentativi stupidi di autostima.
E' tardi per questo. Sono andata troppo avanti. E poi perché mi ostino a dare la colpa a Tiziano! Sono io che l'ho sempre cercato. Mai abbandonato. Mi sarei messa contro tutto e tutti per lui. Se sono diventata quella che sono, per non so quale contorta ragione, l'ho voluto. Sono io ad essere scesa all'inferno. Sono io, il mio fantasma. Quella donna con gli occhi fondi di sangue, che mi insulta gridandomi: "Giuda, Giuda, Giudaaaaaaa", sono io! Accanto all'albero dove Giuda si suicidò, scorre un fiume che si chiama tradimento, scrisse Toni Morrison, in "Jazz". Che vuol dire? Che chi tradisce si uccide? E lo fa in diversi modi: impiccandosi, umiliandosi, sguazzando nel fango. Guardando con cinismo la propria vita passargli accanto, supplicargli il suo aiuto e negarglielo con un ghigno sadico. Sadismo e masochismo, le due facce di un unico desiderio. Frutti dello stesso albero. Le sue radici sono bagnate dal corso di un fiume che si chiama autodistruzione.
Domani è lo stesso giorno. Mi dedico alla pulizia della casa. Il telefono squilla spesso. A rispondere ci pensa sempre la segreteria telefonica. Quella che prima chiamavo la nostra casa, in realtà è disabitata. Se le avessero auscultato il cuore, non lo avrebbero sentito. Anche quando è lavata e lucida, emana un odore di macerie e sangue. Sicuramente si tratta di sensazioni soggettive. Che mi restano addosso in ogni momento della giornata

113

Quando la mente si arrampica sugli specchi sfocati dei sensi, ne esce sempre sconfitta. E' meglio non pensare al perché gli odori e i colori se associati a particolari immagini o momenti, fanno scorrere sangue o petrolio da un prato verde, sotto un albero, mentre disegni con amore i confini della felicità.

Alle venti, Tiziano mi trova già pronta per andare a lavorare. Mi guarda con l'espressione di chi ha un lago di lacrime dentro, che non riescono a trovare uno sbocco per far uscire il pianto o anche una parola. In questi momenti, sento di comandare io. Telecomandata da un'altra me che l'umiliazione e la violenza mi hanno fatto crescere dentro. Stesso percorso, i gesti automatici della separazione. Fino a che mi ritrovo in quel piazzale. Mi viene incontro una delle ragazze, quella con cui ho solidarizzato di più. E' italiana come me. La sua storia simile alla mia. Il suo compagno, un balordo, si era messo nei pasticci, e aveva pensato come soluzione di diventare il magnaccia della moglie. A dire il vero non avevo capito se fossero sposati o si trattasse di una coppia di concubini, come me e Tiziano. Però ogni volta che mi parla di lui, gli sprizza odio da tutti i pori. Se potesse ucciderlo lo farebbe, ne sono sicura. L'avrebbe denunciato, se la paura non le rammolliva le gambe. Purtroppo per lei era originaria di una famiglia di bassa estrazione sociale. Lei stessa era quasi un'analfabeta. Non aveva amici sui quali contare. Quelli o quelle che considerava amici, erano tutti finiti in giri sporchi. Ogni volta che mi confidava queste cose, pensavo a quanto fosse diversa la mia storia, nonostante condividevamo lo stesso destino. Io ero laureata, avevo amici come Maria e Luigi. E dei genitori, ai quali anche se non potevo raccontare tutto, avrebbero potuto essere per me una motivazione e un aiuto concreto a uscirne fuori. Ma a che mi serve tutto ciò?

114

Meglio non pensare. Preferisco concentrarmi su quel presente. Su quella sera. Abbordiamo pochi clienti. Succede. Non si guadagna sempre la stessa cifra. Un po' sconsolate, ci mettiamo in disparte, sedute su un muretto. Sempre vigili a quello che si muove al centro della piazza. Lei fuma avidamente una sigaretta. Me ne offre una. Serve a sciogliere in me quel bisogno di parlarle apertamente, come finora ho sempre fatto con lei e lei con me. Non so dove trovo le parole giuste, quelle più appropriate per raccontarle come sono diventata una prostituta. Non le nascondo nulla. Nemmeno il mio segreto inconfessabile, e cioè che ho un inspiegabile bisogno di Tiziano. Come lui di me. "Ma sei pazza!!". Scatta in piedi lei. "Forse sei drogata. Lui deve averti praticato qualche magia. Una storia così non l'avevo mai sentita!" E' sconvolta. Non c'è in lei il minimo desiderio di ferirmi. Cerca con i suoi strumenti di farmi aprire gli occhi. Infatti me ripete spesso questa frase: "Apri gli occhi, cazzo! Hai una laurea. Puoi essere libera. Fargliela pagare a quel farabutto…". Non ha quasi più fiato. Le si esaurisce persino la capacità di immaginare, tanto è incredula. Poverina, le ho confidato una cosa più grande di lei. Mi pento di averlo fatto. Ma malgrado quelle che credevo le sue limitate capacità di comprensione, conclude con una frase che dal mio punto di vista, la supera intellettivamente: " Nessuno può aiutarti, solo tu. Una persona intelligente e preparata come te, non può bendarsi gli occhi così. Non lasciare passare tempo, se no il prezzo da pagare sarà ancora più salato! Scusa se ti ho aggredito. Ma Dio sa, che l'ho fatto perché ho provato tanta pena per te. E tanta rabbia per quel criminale" .
Ci avviamo insieme, dove le altre discutono della serata grama, un po' per tutte.
Proprio mentre stiamo a lamentarci della serata, vediamo

molte macchine avvicinarsi. Alcuni conducenti non ispirano molta fiducia. Ma ormai non ci faccio più tanto caso. Il rischio è la componente principale del nostro mestiere.

All'alba, cerco la macchina di Tiziano, non c'è. Non mi resta che aspettare. Mi siedo sul muretto dove stamattina ho discusso con C., e con tre quarti d'ora di ritardo lo vedo arrivare.

A casa, non faccio che pensare e ripensare alle parole di C. Tiziano si accorge della mia tensione. Ma non osa chiedermi nulla. Però mi accorgo del suo sguardo che mi segue dappertutto. Vorrebbe farlo anche nei miei pensieri. Ma come già gli feci capire una volta, quelli sono gli unici che non potrà violentare, profanare, umiliare e schiavizzare. Ma allora cos'è che mi lega ancora a lui? Non è il pensiero, sono i sensi e non so che.

Credo Tiziano, avvertendo questo mio stato confusionale, cerchi di riconquistarmi. Non si sbronza quasi più. Spesso al mio risveglio, si fa trovare accanto, con un'aria che, maledizione, mi intenerisce ancora. Basta si avvicini. Aspiri il suo profumo, mi inebri del calore dei suoi baci per arrendermi ancora una volta alla realtà che sono stata creata per lui, nel bene e nel male.

Da quando Tiziano si comporta così, le mie assenze al lavoro sono diventate sempre più numerose, malgrado senta forte ogni giorno il desiderio di andarci.

Uno di quei giorni, lui mi porta la colazione a letto, proprio come ai vecchi tempi. Io subisco come sempre. E poi come si fa a respingere la dolcezza, pur non sapendo da quale ragione proviene? Gesti, baci, sguardi, amplessi. Così potrebbe riassumersi il nostro rapporto di questi giorni. Finisce tutto una sera, quando con tono perentorio, dico a Tiziano, che devo andare a lavorare. Lo lascio disteso sul letto, prendo i miei vestiti nell'armadio e vado in bagno a prepararmi. Non ci metto molto. Ho fretta. Tiziano è in camera da pranzo, ancora in pigiama. Capisco che non mi avrebbe accompagnata. Lo saluto allora e mentre sto aprendo la porta di casa, la sua voce mi blocca. Gli chiedo con uno sforzo di pazienza cosa ha da dirmi. E lui: "Perché, perché, mi hai ingannato? Non mi hai mai detto che non volevi figli e per questo prendevi la pillola o non so cosa?". Questo suo ennesimo colpo al cuore lo trovo vile, mostruosamente mirato per uccidere come farebbe la bomba più sofisticata. Costruita in laboratorio da anni. Aspettando questo momento. Quello della distruzione completa. Perché farmi una domanda che mi fece tanti anni fa? Infierendo ancora contro la mia innocenza, il mio immenso dolore, la mia lealtà? Adesso sì che devo ucciderlo! Non riesco a controllare alcuna fibra di me. Vado in cucina, mi armo di un coltellaccio e glielo punto in gola. "Tu meriti di morire, maledetto. Non ti è bastato aver fatto di me una prostituta. Di nostro figlio che cosa ne avresti fatto?". "Allora è vero! L'ho sempre sospettato. Prendevi di nascosto anticoncezionali, pur sapendo quanto fosse forte il mio desiderio di paternità". La rabbia e il trionfo mescolate per aver secondo lui scoperto la verità, mi disgustano a tal punto, che mentirgli è la mia vendetta. "E bravo, Tiziano! Non ti credevo così intelligente. Mi hai scoperto! Non volevo figli. Perciò ho sempre preso anticoncezionali". Naturalmente gli mento spudoratamente con istinto sadico.- "Sono contento di quello che ti ho fatta diventare", sogghignava-vai a fare la puttana, è per questo che sei nata". Trema tutto mentre articola con difficoltà queste parole. Vederlo così, percorso da una tensione febbrile, mi riempie della soddisfazione del giocatore di scacchi che ha appena messo in scacco matto il suo

117

avversario. I suoi occhi sono lucidi e cattivi. Non lo avevo mai visto così. Barcolla senza aver bevuto un goccio. E' costretto a sedersi sulla sedia. La testa credo gli giri come un vortice. So di averlo colpito al cuore. Ma non ne provo pena. Esco di casa. Faccio l'autostop per raggiungere il piazzale. L'aria della sera mi fa bene. Così come sono contenta di ritrovare dopo parecchi giorni di assenza, quello che nel bene e nel male, è diventato il mio mondo. Ma una brutta sorpresa mi aspetta. Le ragazze mi informano che la mia amica C., era stata ritrovata morta in un cespuglio. Ma quando, perché, chi è stato? Urlo con tutte le mie forze! La più anziana ed esperta del gruppo, mi rimprovera duramente per lo sfogo. "Non sai che è pericoloso. Noi non vediamo niente. Ma non sai quanta gente ci osserva. A fare la pelle a una puttana, non ci vogliono moventi importanti. Basta un piccolo fastidio. E poi non dimenticare che ci sono gente che si divertono pure a uccidere, quelli per i quali noi siamo i rifiuti della società". "Ma io, singhiozzante le dicevo, ci ho parlato qualche giorno fa come un'amica! "Meglio non dirlo a nessuno questo, specie alla polizia, se verrà a interrogarti". Abbasso la testa, non solo in segno di obbedienza a chi conosce la vita più di te, ma perché un'idea si insinua nel mio cervello come uno spiffero di vento. L'ultima volta che ho visto C., ci siamo messe in disparte per parlare. A un certo punto il discorso cade sulla mia vita e su come ci ero finita in questa posto. Mi sembra ancora di sentire il tono agitato delle sue parole che mi incitavano a mettermi in salvo. A denunciare quel farabutto che mi aveva fatto tanto male. Adesso, ripensandoci, sento le ipotesi fioccare nel cervello. Chissà qualcuno avrà potuto sentirci. Una persona che non aveva interesse lei mi consigliasse certe cose, aprendomi gli occhi. E se la sua morte fosse collegata a questa nostra discussione? E' vero la mia era un ipotesi azzardata. Inoltre Tiziano, per il tempo delle mie assenze, stava a casa, intento a riconquistarmi. Ma chi può dirlo? Quell'uomo era un enigma, un mistero per lui stesso. Se qualcuno lo avesse avvisato per cellulare e lui, avrebbe dato l'ordine di uccidere quella poverina? La cosa che più trovavo strana era il suo cambiamento dell'ultimo periodo. Praticamente non lavorava più. Non aveva più bisogno di soldi. Di che si occupava adesso? Quali erano le sue frequentazioni? Improvvisamente a farmi tornare con i piedi per terra, ci pensò il clacson di una macchina. Prima di lanciarmi nel rischio della routine, non potei non pensare con affetto a C., un'altra innocenza morta nel fango.

A casa torno molto stanca. Mi fanno molto male le gambe. Ma avverto altri strani malesseri. In effetti viaggiare da autostoppista è molto più dura che farlo seduti al sedile di una macchina. Ho il fiatone mentre apro con le chiavi la porta di casa. Non ce la faccio proprio a cambiarmi. E'stata una notte pesante, non solo fisicamente ma soprattutto emotivamente. Purtroppo constato che Tiziano è in casa. Dorme, russando nella nostra camera da letto. Mi viene naturale andare a sdraiarmi sull'altro lettino della stanza degli ospiti.

Mi sveglio prima del previsto. Dei rumori che provengono da non so dove mi impediscono di dormire. Non riesco a rimanere a letto. E poi ho un gran bisogno di un caffè ben ristretto. Sento che quella giornata appena iniziata, avrebbe richiesto tanta energia. Nel lavello della cucina, ci sono molti piatti sporchi. Mentre il caffè sale provvedo a lavarli, e a spazzare per terra. Cerco di dare un po' di ordine al luogo dove vorrei gustarmi un buon caffè con la speranza possa ritemprarmi, e chiarirmi le idee. Tiziano evidentemente, dall'altra stanza, viene svegliato dall'odore forte e suadente del caffè. Cammina trascinandosi i piedi. Penso subito che la sera precedente deve essersi ubriacato. Timidamente mi chiede se può servirsi. Naturalmente gli dico Ma quanta pudicizia nelle sue parole, dopo la violenta discussione di ieri! Anche questo mi sembra un particolare che mi insospettisce rispetto alla morte misteriosa di C. Fino all'ultimo sorso, beviamo insieme, una bevanda nera e bollente come una morte rovente, seduti allo stesso tavolo. Forse per l'ultima volta. Abbiamo entrambi i gomiti poggiati sul tavolo, ci guardiamo contemporaneamente con le mascelle serrate. Siamo la squallida caricatura di due pugili prima di un combattimento. Come al solito il primo debole pugno parte da me: " Quante ragazze conosci del piazzale? O devo dire prostitute?". Scuote la testa, il suo sguardo si posa su ogni oggetto della cucina. Poi si volta indietro. Non capisco questi movimenti. Appartengono a una sua ritualità meccanica che non conosco? O un segnale in codice dato a qualcuno che cerca e non c'è per venirgli in soccorso? "Che c'è Tiziano, lo incalzo, la domanda scotta, brucia o cosa dimmelo tu?". "Lo sai bene che detesto parlare con i traditori e le puttane, quale sei tu, e….appena mi sveglio, la prima cosa che ascolto riguarda il vostro mondo". D'improvviso il suo smarrimento, diventa una presenza che sputa il più velenoso sarcasmo. Ma stavolta non hai scampo, penso: "Due giorni fa è morta una prostituta in circostanze misteriose. La conoscevo bene. Eravamo quasi amiche. Sei stato tu ad ucciderla o a farla uccidere?" Mi alzo stringendo un coltello da cucina in mano. E' un chiaro messaggio a non osare di mettermi una mano addosso. Dai

miei occhi brilla una luce assassina. Quel bastardo ride a scatti, come se gli si fosse bloccata qualcosa alla gola che non riusciva a espellere. Con una gomitata improvvisa sparecchia con violenza tutto ciò che c'è sul tavolo. Vorrebbe di sicuro colpire anche me. Ma la vista della lama del coltello, gli impedisce di rischiare una pericolosa colluttazione. Cammina inizialmente verso di me con calma. Per un attimo penso voglia disarmarmi. Perciò prendo velocemente un pezzo di vetro da terra. E gli lancio addosso il coltello. Col frammento di vetro minaccio me. Lo sto per conficcare in una vena. Provo un piacere strano a farlo sotto i suoi occhi. Anche in questo momento mi sento la più forte. Infatti non ho torto. Il volto di Tiziano diventa terreo. Una lacrima scende sul viso dell'essere umano che detesto di più su questa terra. Mi basta, per lasciarmi cadere il pezzo di vetro dalle mani. Prova ad avvicinarsi, non so per cosa. "Sta alla larga, il tuo odore mi nausea. Voglio solo tu mi confermi che sei anche un assassino!". Non mi risponde. Continua a guardarmi il polso e ogni tanto mi lancia lunghe occhiate. Ma la luce del suo sguardo non mi attraversa più.
La sento schiantarsi al suolo, prigioniera in un perimetro di solitudine.

Dopo un tempo indefinito, mi ritrovo sola seduta al divano della camera da pranzo a rimuginare. Ho la quasi certezza Tiziano sia anche un assassino. Altrimenti, perché non si è difeso da quell'infamante accusa? Mi sembra tutto così maledettamente confuso. E chiaro allo stesso tempo. Un uomo capace di fare quello che ha fatto alla propria donna è capace di tutto, questo è chiaro. E allora perché non lo denuncio? Per paura, vergogna? No. Sono ormai vaccinata alla paura e alla vergogna. Ma perché continuo a rimanere sotto il suo stesso tetto? Questa é la più facile delle domande. Non saprei dove andare. Quella casa è ormai la mia carta d'identità. Forse potrei sperare lui mi cacci via? Poco plausibile. Nessuno caccia di casa la sua creatura. Neanche l'essere più snaturato!
Non mi sbagliavo. Quando Tiziano torna a casa, non accenna minimamente a quello che è successo in mattinata. Da come mi guarda, capisco che anche per lui è tutto chiaro. Il perché non lo denunci, e continui a vivere nella sua casa.

I miei rapporti con lui, subiscono questa virata verso la fine. Ormai tutti i legami sono diventati polvere. Quello che era stato il nostro rapporto giaceva sotto le macerie di una casa ormai abitata solo da fantasmi. In apparenza è tutto uguale. Io continuo ad abitare lì, perché non so dove andare. Alla solita ora lui mi accompagna con la macchina a fare quel lavoro. Non so perché lo faccia, visto che non ci scambiamo più nemmeno una parola. I soldi è da parecchio non gli servono più. E a dire il vero non servono neanche a me. Lui non mi chiede di contribuire alle spese di casa. Adesso si occupa di tutto. Paga anche una domestica due volte la settimana. La mia unica fonte di benessere è quel lavoro che mi dà la vita, non in senso economico. Si è creato un rapporto di dipendenza credo, che mi sta bene. Non perché mi renda felice, ma perché non ho nulla oltre a quello. Ormai mi è entrato dentro, mi piaccia o meno, è mio. Credo che Tiziano abbia capito anche questo. Non tenta più di conquistarmi. Non pretende. Ma una sera, da ubriaco fradicio, cerca di prendermi con la forza. Naturalmente ci riesce. E' troppo malridotto per godere della sua ennesima vigliaccheria. Mi diverto molto a prenderlo in giro, dopo, quando lo vedo stremato, riverso sul letto come un leone azzoppato: "Non ci riesci più Tiziano", gli dico con la voce rotta di rabbia e cattiveria. Devi comprartene uno nuovo. E non solo quello. Anche la testa ti è partita". Lo dico ridendo forte in modo volutamente volgare. "Zitta…non ti senti? Parli come una puttana", parole soffocate tra i denti stretti per la rabbia. Se avesse potuto, mi avrebbe colpito fisicamente. Ma non ce la fa. Io non posso che provare una primitiva gioia, nel vederlo così ridotto. A un certo punto non si muove più. Sembra non respiri. Potrebbe essere morto. Ma non è affar mio. Non ho paura della polizia. Spesso eravamo costrette a scappare per le sue ronde. Molte delle quali erano una copertura. Anche tra gli uomini in divisa si nascondono malfattori, gente legata da chissà quale sporco interesse ai pesci grossi della criminalità. Non c'è da stupirsi di niente. Purtroppo o per fortuna, la sorte ha un suo ruolo nella vita. Tante volte avevo assistito inerme al fermo, senza la minima forma di rispetto, di povere ragazze che si trovavano nel posto sbagliato al momento sbagliato. Io non avevo mai avuto a che fare direttamente con la polizia, forse perciò non mi fa paura oggi l'idea che Tiziano sia morto e che per questo sarei sospettata di omicidio. Un movente perfetto! Prostituta che uccide il suo compagno-magnaccia. Notizia succulenta anche per i giornali. Da solleticare il palato di quei pidocchiosi che provano piacere a spiare dal buco della serratura. Nella speranza di vedere qualcosa di osceno che ecciti la loro perversa fantasia.

Purtroppo quella sera non muore.

E' solo crollato come un porco ubriacone, stupratore di donne.

Ormai lo detesto. Il responsabile di tutti i miei errori è lui.
E quest'odio purtroppo non può investirlo come una
macchina guidata da un conducente impazzito. Altrimenti
l'avrei fatto! Anche in casa satura quel sentimento livido,
osceno, volgare, umiliante e doloroso per chi lo prova e
per chi lo riceve. Niente di nuovo sotto il sole, credo sia il
titolo o una battuta di un film, quel mostro dentro me lo ha
creato lui. Ha le sue tracce, il suo odore, la sua violenza,
forse tutta la sua vita, quella prima e dopo avermi
conosciuta. La cosa peggiore è che più passa il tempo, più
mi convinco che questo è il mio destino. Di non avere vie
d'uscite. Quando sono di buon umore, mi consolo
dicendomi, che esistono modi peggiori di vivere. Che io
almeno non porto il peso di nessuna colpa. Non ho mai
fatto male a nessuno. Almeno così credo. Spesso in sogno
mi compaiono davanti le facce invecchiate dei miei
genitori. L' assoluto silenzio di chi può parlare è una
colpa. Incubi che ho sempre più spesso. E mi lasciano un

senso di infelicità, così intensa, a cui non saprei dare un nome. Inoltre sono angosciata per certi malesseri fisici, che prima non avevo. Li attribuisco alla mia età. Ho quasi 41 anni. Conduco una vita disordinata, sono quotidianamente esposta a malattie. Non di rado pensavo, se mi fossi ammalata avrei potuto essere curata da un medico? Quali diritti aveva una prostituta? Non ne sapevo nulla. Ho conosciuto molte che sono morte perché si vergognavano di andare dal medico.

Questa vita l'ho fatta per un tempo che non sono in grado di quantificare.

Non sono stati mesi di solo dolore. Ho condiviso la mala sorte di tante povere donne come me, costrette a prostituirsi dall'uomo che amavano. O dall'uomo che aveva promesso loro un lavoro dignitoso e che invece le aveva riservato questa brutta sorpresa. Si trattava spesso di immigrate, quelle che venivano ingannate e poi messe sulla strada. E poi non dimenticherò mai C., quella ragazza che per troppa generosità, è morta molto probabilmente per causa mia.

Una notte, mi succede un incidente. Uno di quei pericoli che tutte temiamo.

Salgo sulla macchina di un cliente apparentemente calmo. Però mi insospettisce subito il fatto che non riesca mai a vedere il suo volto. Un tipo inoltre che parla poco. Chiede, fa molte domande. La sua voce è strana. Come camuffata. Penso si tratti di un poliziotto in borghese. Ma allo stesso tempo quest'ipotesi la trovo assurda. La polizia non agisce così. Forse qualche investigatore privato? Ma perché? Ricordo i suoi numerosi squilli di clacson, e la sua mano che ripetutamente mi faceva cenno di salire. All'imbocco della strada principale, si gira verso di me, ma solo per controllare il senso di marcia delle auto. In quel breve istante, mi giunge un odore….mi era familiare. Apparteneva a qualcuno o qualcosa di mio. Ma quello non è il momento per fermare la mente su questi particolari. Quel tipo, non mi piace per niente. Intanto ci allontaniamo sempre più. Per un attimo credo voglia scappare con me a bordo. Ad un tratto, rallenta, accosta la macchina in una piccola area di servizio e spegne il motore. Segue un attimo lunghissimo di silenzio. Si sente solo il mio respiro. Poi un colpo forte alla testa, allo stomaco. Mi afferra per i capelli e mi spinge con violenza contro il volante, strattonandomi ancora con una violenza inaudita. Tramortita, mi scaraventa fuori dalla macchina, lasciandomi sanguinante sul ciglio della strada. Vorrei morire. Spero una macchina mi investa. Infatti cerco di muovermi e di trascinarmi verso il centro della strada, ma inutilmente. Solo un braccio si muove bene.

All'improvviso grido con tutte le mie forze: "Aiuto, aiuto!!!". Sono sorpresa. Desidero morire investita da una macchina ma allora perché una parte di me si ribella? Questo mio dibattermi e il mio lacerante grido, viene notato da una persona che passa con la macchina. Chiama un autoambulanza e và via. Dopo pochi minuti arrivano i soccorsi. Mi caricano sull'autoambulanza e mi portano al primo pronto soccorso. Il medico che mi visita, sospetta numerose fratture e un trauma cranico. Da come sono vestita, capisce subito di trovarsi davanti a una prostituta. Nonostante il mio stordimento, capisco il suo imbarazzo per un motivo indipendente dal mio mestiere. Vuole dirmi ma non ci riesce una verità, che per una prostituta può rappresentare, un errore tecnico, in ogni caso una brutta notizia. "Lei aspetta un bambino da un mese. Le analisi di laboratorio confermeranno questo mio sospetto". Infine aggiunge una frase che a una donna normale non avrebbe detto: "E' ancora in tempo per decidere, cosa farsene del bambino".

Ci penserò, ci penserò bene, vorrei dirgli. Ma non solo a questo. Mia alzo con grandi sforzi sul lettino, sotto le sguardo impietrito del medico. Ce la faccio anche a mettere i piedi per terra. —"Fossi in lei mi sottoporrei a una tac prima di fare movimenti". La sua voce mi risuona nell'orecchio, ma la avverto come una eco che si. allontana sempre più. Una volta in piedi cammino lentamente, per valutare il mio senso dell'equilibrio. No, non l'ho perso. Mi importa poco se un movimento imprudente può rompermi, sono rotta dentro. E alcuna frattura può far più male. Cammino spedita verso l'uscita. Non guardo nessuno, perciò non mi accorgo se qualcuno mi sta guardando. Sono fuori! Vado dritta sulla strada, dopo aver attraversato l'area del pronto soccorso. L'aria è fredda, però respiro. La sento. E' l'aria della notte che tanto commuove i poeti. Però dopo la libertà il vuoto. Non so dove andare, dove sono. Mi addentro in un cespuglio, cerco una posizione comoda e spero di addormentarmi. Mi sveglio all'alba. Sono mentalmente più lucida, i miei sensi rispondono meglio. Riconosco abbastanza il punto in cui mi trovo. Queste stradine interne dove nessuno si avventurerebbe, se non per scappare, mi sono familiari. Prendo una scorciatoia e in un quarto d'ora di cammino arrivo al piazzale. Tiziano è puntuale. Corro verso di lui. Mi carica sulla macchina, con la solita ritualità meccanica. Anche il suo sguardo intorno prima di entrare nel palazzo, è un movimento fisso e ripetitivo, come chiudere lo sportello della macchina e aprire la serratura della porta di casa. Non fa neanche caso a come sono ridotta. Anzi, a casa, mentre cerco una borsa di ghiaccio per alleviare il dolore delle ferite, lo vedo seguirmi. Che strano Mi dico! Poi lo guardo meglio e mi accorgo che è ubriaco fradicio. "Che vuoi?, gli dico sprezzante. Ho capito. Mi è bastato il suo sguardo lascivio e volgare. Mi dirigo senza forze nella nostra stanza e mi metto a letto, pronta a soddisfare i suoi istinti primordiali. Ma mi dico: questa è l'ultima volta Tiziano. Aspetto, ma niente. Ma no, mi sono illusa! Sento i suoi passi veloci muoversi per casa. Sotto l'arco della porta mi guarda piuttosto a lungo. Forse perché sostengo il suo sguardo. Non abbasso gli occhi come tutte le prede. Si gira per uscire. Mentre lo fa mi dice ridacchiando: "Torno tra mezz'ora". Penso con orrore a quello che avrà voluto dire. Forse si riferiva a quei suoi amici. Questo no! Dovrei essere morta per subire di nuovo quella violenza umiliante. Preferisco sopportare la vergogna di chiedere aiuto ai miei genitori, ma non rivivere adesso quella profanazione del mio corpo. Che non appartiene adesso solo a me, mi porto dentro con molta probabilità, la vita di un essere innocente. Di questo ne sono certa. Appena mi assicuro sia veramente uscito di casa, vado in bagno a lavarmi e struccarmi bene. Faccio tutto in fretta. Indosso la prima cosa che vedo di normale nell'armadio, prendo i soldi dal corsetto e fuggo da quella casa. Chiamo un taxi col cellulare e mi faccio portare all'indirizzo dei miei genitori. Non mi importa di tutte le spiegazioni che dovrò dare.

Continuo a dirmi che non m'importa delle spiegazioni che dovrò dare. Ma non è vero. Le persone, chiunque siano, devono capire, ne hanno il diritto. Così anche ai miei genitori non posso raccontare una balla qualunque. Tutt' al più nascondere le cose più scabrose di questa storia. E sia. Busso il campanello di casa con questa decisione. Purtroppo non posso nascondermi la faccia, lo sguardo, i segni di quella vita. Queste cose non puoi nasconderle ad una madre. Quando mi vede, lo so che in fondo al cuore capisce tutto. Anche quello che non si dirà, né mi dirà mai. Ma più di tutto, le brilla nello sguardo la luce della felicità. A ogni zona d'ombra preferisce voltar le spalle. Ormai è passato. Finito tutto. Su questo non ha dubbi. E' molto presto, mia madre non deve neanche aver fatto colazione. Mi meraviglio sia già sveglia. Chissà quante notti insonni avrà passato a causa mia! La sua reazione al mio ritorno mi sorprende. Non mi fa domande che possono aprire ferite. Cerca anzi di alleggerire al massimo l'atmosfera. Mi tratta come fanno le mamme con i figli piccoli quando prendono una brutta caduta. Ma non drammatizzano, non perché non abbiano avuto paura, ma per rassicurare la loro creatura che va tutto bene. Nella vita si può cadere, non è un dramma. Dopo ci si rialza più forti di prima. Mentre sorseggiamo un caffè che mi sembra buono come non mai, vedo i suoi occhi cadere credo involontariamente, sui segni delle violenze che mi porto sul corpo. Vorrebbe gridare, maledire, ma fa uno sforzo sovrumano per mantenere il controllo: "Devi sottoporti al più presto a una visita medica, Paola", si limita a consigliarmi con delicatezza. Annuisco a testa bassa. Intanto sento i passi di mio padre, che si sveglia come ogni mattina alla solita ora, dirigersi in cucina. Forse ha sentito i rumori. Infatti il suo passo è quello di uno che già da parecchio si è svegliato. Quando lo vedo fermo sotto l'arco della porta, alzo la testa per guardarlo. Non dico niente. Non lo sento neanche quando si avvicina accarezzandomi i capelli, come a voler spazzare il dolore di questi anni. "Come ti senti adesso?", - "Non è il momento. E' troppo presto o troppo tardi, non lo so ancora" .

Dopo le visite e le analisi di controllo, fortunatamente non mi viene diagnosticato niente di brutto. Le fratture e il trauma cranico sospettato dal medico del pronto soccorso, guariscono con pochi giorni di riposo. L'unico sospetto che si rivela fondato è quello della gravidanza: le analisi confermano che aspetto un bambino. Mia madre e mio padre accolgono la notizia con gioia. Credo che inconsciamente attribuiscano alla mia nuova condizione, il mio cambiamento

Ma sono davvero cambiata? L'unico vero cambiamento, inaspettatamente l'ha subito il mio corpo. Aspetto un bambino. Tutti quei malesseri strani che sentivo, chissà forse erano causati da questo.

Ma io chi sono, che immagine ho di me? Spesso Luigi viene a trovarmi a casa. Con lui posso aprirmi completamente. E' l'unico a conoscere i particolari della mia storia. Una volta gli dico tra le lacrime: "Sai Luigi, un vero amico, vale molto di più di un grande amore". - "Eppure non sai quante volte non mi sia rimproverato per non averti costretta con la forza a venire fuori da quel mondo che sapevo col tempo ti avrebbe uccisa. Sì mi sono sentito un vigliacco!". Sinceramente lo rassicurai che non avevo mai pensato questo di lui. E che anzi ricordavo quella nostra conversazione sofferta in villa comunale, quando per la prima volta gli parlai a cuore aperto di me: "Quella frase che mi dicesti Luigi, ha avuto per me un valore che ho portato sempre con me. Solo io potevo uscirne, se lo decidevo".

Quando Luigi non veniva a trovarmi, passo molto tempo a dormire di giorno Solo io so perché. Fino a poco tempo fa, vivevo di notte e dormivo di giorno. I miei genitori interpretano questo mio stare sempre a letto, come una forma di depressione. Quando mia madre me ne parla con molta delicatezza, non rispondo Non le oppongo un silenzio che sicuramente la preoccuperebbe ancor di più, mi mostro attenta a tutto ciò che mi dice. E le prometto di farmi forza, per me e il bambino che aspetto.

Di notte sono quasi sempre sveglia. Ho perfino voglia di uscire per respirare aria fresca. Ci ho fatto l'abitudine, a camminare sotto la luna, il cielo, spesso punteggiato di stelle. Anche l'aria fredda, la sopporto. Mi ricordo quelle notti quando il freddo ti spezzava le dita e insieme alle mie compagne di sventura, correvamo a riscaldarci vicino al fuoco. Ricordo questi momenti, con una stretta al cuore. Non di nostalgia. Mi apparivano davanti, come il ritratto di un'umanità dimenticata, presa a calci, scaraventata fuori dalla giostra della vita. Disprezzata. Giudicata sporca e corrotta. Eppure mai in questo mondo di perbenisti, ho incontrato quegli sguardi terrorizzati, increduli, innocenti. La maggior parte di loro si rassegnava alla propria vita. Molte finivano per considerarlo il loro amaro destino. Come se fossero nate per questo. Lo stesso stava succedendo anche a me. Col tempo mi era cresciuta dentro una donna che non avevo mai conosciuto prima. Che mi viveva nelle viscere, in quelle parti di noi che pudicamente nascondiamo anche a noi stessi. Tutti abbiamo il diritto di avere un'intimità solo nostra. Quando ti cresce dentro la tua vergogna e si impossessa di te, vedi riflessa nello specchio la tua faccia deforme, gli occhi fondi di sangue e un indice puntato contro per farti sprofondare ancora di più. Non è il tuo fantasma, è il diavolo.

A Tiziano non penso più. Lo collego solo alla morte della povera C.

Ma non ho prove certe di questo, solo il suo silenzio quando gli chiesi se c'entrava con quell'omicidio. Ho conosciuto abbastanza Tiziano per capire che, nulla lui potesse esprimere fosse la verità. Non posso quindi accusarlo con certezza. E anche se avessi potuto farlo, non credo ne avrei avuto il coraggio. Quello era un mondo sporco, tentare di ostacolare la sua logica criminale, sarebbe stato quasi un atto suicida. E poi ricordo le parole di un'anziana prostituta quando ricordava a tutte noi che chiunque avrebbe potuto ucciderla. Perfino uno di quelli che ci considera un rifiuto umano. E che quindi non hanno bisogno di alcun movente per togliere la vita a una "donnaccia" di strada.

Rimango sveglia fino all'alba, a ricordare, soffrire, piangere per me e per tutto il genere umano dimenticato. Non ne posso fare a meno.

Il giorno successivo, intorno alle quattro del pomeriggio, Maria viene a farmi visita. Mi regala un libro di poesie. Ricordava che a me piacevano molto. Si tratta di un'antologia scelta tra le più belle poesie moderne. Un tempo avrei girato e rigirato il libro tra le mani. Avrei letto la quarta di copertina, con visibile eccitazione. Adesso, la ringrazio calorosamente e poso il libro, come un oggetto, sulla scrivania. "Non ti piace più la poesia?", mi chiede, come se avesse intercettato il mio stato d'animo. –"No…e che sai, a casa di Tiziano non leggevo. Non avevo tempo. Sai nella vita è tutto un'abitudine" -"Già è vero" . –"Ma dimmi di te", le chiedo con sincera cordialità. Il rapporto fra me e lei, è come sfocato, non posso fare a meno di avvertirlo. E' davvero parecchio non parliamo più insieme. E quando ci capitava di farlo, non riuscivo mai a essere completamente sincera. Benché considerassi Maria la migliore delle mie amiche.

Ma il tempo scolora anche il quadro più luminoso. Ecco, mi succede di percepire proprio questo con lei: la sensazione che la nostra amicizia sia invecchiata. Constato comunque, che malgrado quella vita che avevo condotto fino a qualche giorno prima, che spesso mi portava a usare un linguaggio e un atteggiamento audace e aggressivo adatto al contesto e al ruolo che avevo, come tutti quelli che crescono per strada e che per questo devono imparare subito ad affinare le unghie, il cervello e il cuore. Nonostante ciò non avevo perso, la mia raffinatezza nel muovermi e nel parlare. E' sopravvissuta quella me che credevo cancellata da quell'altra. E me ne compiaccio. "Mia madre mi ha detto che adesso sei di ruolo. Sono tanto contenta per te". Maria, mostra la sua soddisfazione ma anche il suo rammarico per me: "Se non fosse stato a causa di quell'uomo lo saresti anche tu". In quel momento mi sembra più arrabbiata di me, riferendosi a Tiziano. Sicuramente perché non conosce tutta la verità. Che avrei continuato a tacerle. Non per mancanza di fiducia. Sentivo sarebbe stato superiore alla sua educazione e cultura, capire certi perché inspiegabili della vita. Eravamo in camera mia a conversare, quando mia madre bussa per servirci un caffè con dei dolcetti. Da quando sono tornata a casa, la povera mamma non sa cosa fare per farmi sentire il più possibile a mio agio. Ogni sua manifestazione, è un segno discreto e profondo d'affetto. Non so davvero come ringraziarla. Ma all'affetto e all'amore non si dice mai grazie. Lo si compensa in un altro modo. Forse il migliore è dimostrargli che nulla di quello che fa per te andrà perduto.

La sera come al solito non riesco a dormire. Affacciata alla finestra della mia stanza, scruto il cielo. Da qualche parte deve splendere una luna piena, spero.

E' una notte chiara con poche stelle. Sicuramente gli alti edifici che mi stanno di fronte impediscono al mio sguardo di spaziare e di camminare sospesa a testa in giù. Mi ricorda uno degli esercizi acrobatici, che facevo con la mente. Lo facevo spesso lì nel piazzale, quando mi ritiravo in un cantuccio a fantasticare l'impossibile. Allora ogni cosa facessi, pensassi, desiderassi, mi sembrava impossibile e proibito. Alcuni, quelli che hanno vissuto tutta la loro vita sotto una campana di vetro o sopra una torre d'avorio, possono sentirsi attratti da un modo di vivere impossibile e proibito, marchiato a fuoco dal peccato o da una forma di pazzia. Invece chi odora lo zolfo dell'inferno umano e ne esce vivo, dopo inizia a coltivare un giardinetto con piccole piante sparse. Non avrà tempo per contare le stelle nel cielo. Vivere sarà un progetto e non un sogno.

Mi metto a letto volutamente con le imposte e le tende aperte. Voglio che al suo sorgere sia il sole a svegliarmi. Non posso continuare con questo ritmo. E' vero, le abitudini gradualmente diventano parte della vita. Ma a volte è necessario un intervento forte. Spezzare quelle vecchie non volute affinché le nuove possano crescere. Alle dieci del mattino la luce del sole che inonda la mia stanza, mi costringe ad aprire gli occhi. Ho dormito solo quattro ore, ma sto bene. Mi sento come dopo aver vinto una battaglia. Mia madre è sorpresa di vedermi a quell'ora così insolita per me, entrare in cucina e proporle di prenderci un caffè insieme" Ma certo, figlia mia", esclama di gioia, prendendomi il volto tra le mani quasi con commozione. Teme di esprimere ogni sentimento forte che la pervade, ma ci sono segni inconfondibili, che a una persona sensibile come me non possono sfuggire. E poi si tratta di mia madre. Anche io la conosco bene. Capisco subito il significato delle sue parole eccitate per l'emozione: "Che ne dici se lo proponiamo anche a tuo padre?". Mio padre passa molto tempo in biblioteca a leggere, il suo passatempo preferito da quando è andato in pensione. Ha un carattere molto diverso da quello di mia madre. Forse la sua professione, è stato un avvocato penalista, lo ha allenato a un controllo più forte della emotività, ma ciò non vuol dire non abbia un animo sensibile. La sua è più complessa. La esprime nella lettura, che ama tanto. Di tutti i generi, forse tra tutti, preferisce il romanzo e la poesia. Anche io prediligo questo genere di letture.

Comunque, non mi sono sbagliata. Mia madre non vede l'ora di comunicare a mio padre la bella novità e entra nel suo studio per renderlo partecipe. "Paola, lascia stare, tu và a dare il buongiorno a tuo padre, ci penso io a portarvi il caffè", me lo dice, guardandomi con gratitudine. Stavolta non riesce a trattenere una lacrima. Ma poi si riprende subito e per non turbarmi forse, mi informa con un'aria ci chi la sa lunga: "sapevi che le lacrime allungano la vita? Specie quelle di gioia".

Come avrei fatto senza i miei genitori? Vorrei tanto ringraziare la vita per questi tesori che Dio mi ha regalato. E per un attimo mi incupisco nel pensare a chi non ha la fortuna di avere tanto bene. Molte di queste persone le ho conosciute. Brave ragazze, vittime innocenti, sole al mondo!
Che bella sensazione prendere il caffè insieme a mia madre e mio padre, dopo tanto tempo! Cerco l'occasione, adesso che mi sto rimettendo, di parlare ad entrambi dei miei progetti. Il tempo non aspetta tempo. Non ho fretta. Ma solo un'ansia normale di rimettermi in carreggiata con la vita, in tutti i sensi. Avrei tanto voluto informarli sulla mia imposizione di stamattina, svegliarmi alle dieci del mattino. Ma fortunatamente trattengo il mio entusiasmo. Avrei dovuto spiegare loro cosa c'era dietro questa decisione. E non potevo. Mi rendo conto che i miei genitori, sono interessati con ansia alla mia salute. Mi fanno sempre domande del tipo: "Forse avresti bisogno di una psicoterapia? Non ci sarebbe nulla di strano. Tante donne che subiscono esperienze traumatiche come la tua,

chiedono aiuto a centri specialistici". Mio padre addirittura aveva contattato un medico, non me lo dice, ma credo si tratti di uno psichiatra. Mi chiudo in un silenzio, forse ingiusto. In fondo loro sono convinti di agire per il mio bene perciò mi danno consigli frettolosi. Purtroppo dire le cose al momento giusto, è difficile come disegnare una linea senza riga. Si va quasi sempre a finire fuori dal margine. Lo capisco bene questo. Ma non posso fare a meno di abbassare la testa, pensierosa. Mi accorgo a malincuore, con la coda dell'occhio, degli sguardi che si lanciano tra loro. Purtroppo, in quel momento, non possono aiutarmi quelle parole. Così come non posso aiutarli io, nascondendo il mio disagio. L'ipotesi di un trattamento di quel genere, mi dà, non so perché, un senso di prigione. La possibilità di avere una sola alternativa. E' vero, il mio trauma rientra nelle statistiche. Appartengo alla vasta categoria di donne maltrattate, picchiate e violentate. Ma prima di tutto ci sono io. La mia personalità diversa da tutte le altre. La mia reazione personale, e soprattutto c'è quel segreto inconfessabile. Quella prospettiva, da dove nessuno che mi conosca, tranne Luigi, ha mai guardato.

Quello stesso giorno, per dimostrare ai miei che sto bene, dico loro che vorrei fare una passeggiata e vedere gente. Nessuna obiezione. Cosa avrebbero potuto dirmi! Il mio è un desiderio legittimo. Esco verso le cinque della sera. Faccio una lunga passeggiata. Da casa mia verso il lungomare. Desidero tanto assistere a un tramonto! Il sole è ancora alto. Anche la luce sta cambiando. Mentre sono come al solito soprappensiero, sento una mano che mi tocca: "Paola, non ti ricordi di me?". Una voce squillante, alla quale non riesco ad associare il viso, mi guarda come se mi conosce bene. Oddio, penso, chi sarà questa. Dove l'avrò conosciuta? Spero che dalla mia espressione non traspaia il mio sgomento. Fortuna, mi ricorda il suo nome. Tiro un sospiro interno di sollievo. Però penso: incredibile come avrà fatto a riconoscermi. Era una mia vecchia compagna di scuola. Saremmo uscite pure qualche volta insieme ai tempi del liceo. Adesso la metto bene a fuoco: "scusami, sai avevo proprio la testa da un'altra parte. Ma certo, che mi ricordo di te!", cerco di riparare. Le avrei chiesto volentieri, tu piuttosto come hai fatto a riconoscermi? Perché se c'era qualcuna che fosse cambiata quella ero io e non lei. Ha lo stesso sorriso, gioviale di allora. Anche la sua esuberanza non si è spenta neanche un poco. Mi viene da pensare che la vita deve essere stata generosa con lei. Però…non ho forse imparato che ogni maschera o abito si può indossare? Anche la felicità può essere un sorriso telecomandato da chissà quale motivazione. Anche lei ha avuto i suoi dolori. Mi racconta del suo matrimonio fallito dopo dieci anni. Adesso ha una relazione con un suo collega. Sono entrambi avvocati. Seguo il suo modo di parlare deciso e cordiale, con un po' di difficoltà e timore. Temo possa chiedermi di me, cosa le racconterei? Fortuna, non mi chiede niente. Forse capisce il mio disagio. O forse no. Comunque si congeda da me con una fretta raggelante. Ho l'impressione stia scappando. Ma sicuramente mi sbaglio. Da quel che mi ricordo, la gente della cosiddetta Napoli bene, è fatta così. Prima ti viene incontro con un trasporto esagerato. Dopo qualche frase di circostanza, magari anche sincera, ti spezzano la conversazione in gola perché non si prolunghi oltre la loro linea di confine prestabilita. E scappano. Nel frattempo il sole è tramontato. Rimango ancora un po' appoggiata al muretto di fronte al mare, e poi mi incammino verso casa a testa bassa. Sento il cuore pesante e una malinconia sottile e fredda tagliarmi a pezzi la vita. Quell'incontro non mi fa bene. Per tutto il tempo della strada fino a casa, penso che non ho un lavoro. E che presto avrò un figlio. I miei genitori non sono eterni. E poi la cosa essenziale è che voglio essere utile nella società. Avere un ruolo attivo. Che sia onesto e dignitoso. Ma le porte del lavoro sembrano tutte chiuse. Mi rimbombano nelle orecchie le urla di Tiziano, quando mi diceva che nessuno mi avrebbe assunta. E poi sono troppo vecchia. Ho quarantuno anni. Le mie speranze, ridotte a lumicino.

Questa pesante sensazione di frustrazione, mi accompagna fino a casa. Ci arrivo in tram. Non perché abbia paura di camminare da sola quando il cielo è buio, ci mancherebbe! Mi piacciono gli sguardi muti, desiderosi di vivere una vita diversa da quella loro quotidiana, della gente che si specchia attraverso i vetri di un mezzo di trasporto, mentre rincasano dal lavoro. Di tanto in tanto abbassando la testa e rialzandola timidamente, per riconoscere nel loro vicino loro stessi con un volto diverso. Sembrano un blocco di persone tutte uguali. Carcerati della stessa libertà.

Torno in tempo per l'ora di cena. Ci tengo a rispettare questi orari, non per un fatto convenzionale. Non voglio causare apprensione ai miei genitori. Che capisco, non si sentono ancora tranquilli. Mi dico sempre che per riconquistare la loro fiducia ci vuole tempo e pazienza. Questo mi sembra il minimo, dopo tutto quello che hanno sofferto a causa mia.

Ho però un groppo in gola e un gran desiderio di sfogarmi con Luigi. Alle dieci di sera lo chiamo sul cellulare. Mi scuso, raccontandogli la verità, che non mi sento a mio agio con gli altri. Mi sento un'estranea. Quando lo chiamo per qualcosa mi sento sempre un po' in colpa. Il fatto è che lui è un uomo sposato. Non vorrei mai creargli problemi con la moglie. Dopo avermi ascoltata con la solita attenzione, mi consiglia di andare al più presto all'ufficio per l'impiego, al vecchio collocamento insomma. Mi spiega bene come arrivarci e si scusa perfino di non potermi accompagnare, visto che la mattina ha da lavorare. Prima di salutarmi, mi ricorda con insistenza di non dimenticare documento d'identità, codice fiscale e curriculum vitae.

La mattina seguente mi sveglio intorno alle nove. Mia madre è piacevolmente sorpresa nel vedermi a quell'ora già pronta ad affrontare un nuovo giorno. Lo è ancor di più quando la metto al corrente su dove ho intenzione di andare. E' soddisfatta di questa mia forza di reazione. Ma si premura di farmi sapere: "Mi fa piacere, vederti così attiva, piena di voglia di darti da fare. Però non correre troppo. Fà tutto senza stancarti. Ricorda anche che sei incinta. Promettimelo..". Le faccio un sorriso d'intesa molto eloquente. In alcuni momenti le parole sono davvero superflue!.

Ci metto circa tre quarti d'ora ad arrivare a destinazione. Il centro per l'impiego si trova nel quartiere di Fuorigrotta. La metropolitana mi sembra il mezzo ideale per arrivarci. Però devo fare un tratto a piedi per raggiungere la fermata, visto che a Napoli non tutte le zone sono collegate dal metrò.

A prima vista identifico il luogo, per la folla di gente che fà la fila fino alla porta d'ingresso. Cerco di intrufolarmi, per chiedere informazioni. Mi indicano la macchinetta per prendere il numero e aspettare il mio turno. In un grande stanzone a piano terra di un palazzo, sono ammassate gente di tutte le età, tutti disoccupati Uno dei ritratti della miseria può essere anche questo. A incupire il quadro lo squallido arredamento della stanza. Tinta di un verde quasi scrostato dalle pareti. Associo mentalmente questo luogo agli stanzoni dove la polizia tiene i sospettati di qualche piccolo reato in attesa di interrogazione. Il clima nelle stazioni di polizia, è vero, è sempre più umiliante e delirante. Gli arrestati, perlopiù, sono gente che protesta, bestemmia voce alta. Personaggi da incubo per chi non c'è abituato. In mezzo alla folla di disoccupati, invece, serpeggia una impazienza e rabbia che si materializza nell'ossessiva ritualità di un gesto o di una parola, che non di rado riesce a far saltare i nervi a quell'invisibile qualcuno che ha in teoria le funzioni di sorveglianza. L'aria è satura del senso di frustrazione, sconfitta e tanti altri sentimenti ammassati insieme, senza respiro. Però tutti, con il loro numero in mano, sembrano speranzosi di avere il loro posto su un treno che parta verso qualche destinazione. Dopo un due ore e mezza di attesa, finalmente arriva il mio turno di entrare. Mi sorprende che lo stanzone degli esaminatori, sia più grande di quella della sala d'aspetto. Particolare superfluo in un mondo in cui tutto è distribuito ingiustamente!

Mi siedo dietro a un lungo tavolo, esibendo il mio numero. La signora occupata a districarsi con le numerose carte sparse in disordine sulla sua scrivania, dopo un po' di tempo alza gli occhi su di me e mi chiede: documenti, codice fiscale e curriculum vitae. Lo legge velocemente. Ma non le sfuggono i tanti anni saltati: "Come mai dopo la laurea non ha mai lavorato, a parte una breve attività in un agenzia?". Questa domanda mi spiazza e mi mette di fronte al solito bivio, quando si tratta di dare spiegazioni su un lungo momento della mia vita che pretendo cancellare. Vengo colta dal panico. Riesco a dominarmi per fortuna. Le rispondo, che per tutto quel tempo mi sono occupata della casa che condividevo con il mio ex compagno. Mi fa solo questa domanda. Giusto per…mi dico. Mi liquida infatti allungandomi un biglietto dove c'è segnato un numero di telefono al quale avrei dovuto telefonare il giorno indicato sullo stesso biglietto.

Torno a casa stanca fisicamente ed emotivamente ma tutto sommato soddisfatta, del mio primo concreto tentativo di rientrare nei ranghi della "normalità" . Comunico la notizia a Luigi, sempre col timore sottopelle di invadere la sua intimità familiare. Invece mi sorprende una gradevolissima notizia; Luigi e sua moglie mi invitano a cena, il giorno devo deciderlo solo io. Ci vado la sera stessa. Luigi si offre di venirmi a prendere e di riaccompagnarmi a casa

La moglie di Luigi, mi accoglie con sincero calore. Ha un sorriso solare e occhi caldi di bontà e comprensione. Anche la loro casa è accogliente. Arredata con gusto semplice e misurato. Mi fanno strada nel salone. Invitandomi a non sentirmi a disagio, proprio come a casa mia, mi ripete spesso Lidia, la moglie di Luigi. Ringrazio con un sorriso timido. Davvero, per tutta la serata passata con loro, mi sento come in un luogo familiare. Dopo cena parliamo tutti e tre a cuore aperto, come se ci conoscessimo da sempre. Entrambi con parole diverse mi invitano a ripartire, in compagnia, ma da sola. Stavolta devo essere io a guidare il treno della mia vita. E con questo spirito entrare nella concretezza della vita. Senza ossessione. Naturalmente gli ostacoli non saranno pochi. Avrei vissuto momenti di depressione ripensando a quello che avrei potuto fare e non ho fatto. Ma adesso devo essere io la protagonista della mia vita. Mentre parliamo mi si illuminano gli occhi per il benessere della loro compagnia. Ho solo un momento di cedimento. Abbasso la testa pensierosa, come se una mano invisibile mi impedisse di guardare davanti a me. Luigi capisce subito: "Ti fa ancora male, Paola?". Vorrei tanto piangere. Per tante cose. Non solo i ricordi amari che mi opprimono ancora. Anche per questa bella e emozionante serata. E poi l'affetto e le premure dei miei genitori che non mi lasciano mai sola. E' tanto, tutto supera le mie aspettative, dopo essere riuscita a uscire viva da quell'inferno.

Al ritorno a casa, con la macchina di Luigi, lui ci tiene a precisarmi, che della mia storia ha raccontato a sua moglie solo la parte conosciuta anche dai miei genitori. Ho l'impressione mi voglia far entrare in testa che è questa la verità e che non ce ne siano altre. La sua insistenza mi sembra quasi un voler prendere le distanze da una realtà che ho vissuto. Perciò gli dico con fermezza che non mi vergogno del passato. Non tutto poi è stato umiliante. Facendo quella vita, ho incontrato gente perbene, autenticamente buone, oneste. Vittime innocenti, con la sola colpa di non aver saputo difendersi. L'inferno a cui spesso mi riferisco alludendo a quel periodo, è il modo in cui ci sono entrata e quasi non volevo uscirne. Come una dipendenza automatica, che mi annullava la volontà, mi privava della dignità. Di questo mi vergognavo, e mi vergogno sì. Ma non di essere finita in un mondo le cui logiche di fondo non sono tanto diverse da questo perbenista. Anche qui ci sono gli sfruttatori e gli sfruttati, le vittime e i carnefici. Sono tanti poi i modi di prostituirsi. Quanta gente tutti i giorni si vende l'anima per una ragione non di vitale importanza. Io ho attraversato quell'inferno. Tutti i giorni vendevo il mio corpo. Ma i miei pensieri non hanno perso la loro onestà intellettuale. Il cuore e i sensi forse, sì. Ero legata inspiegabilmente a un uomo e poi alla vita che lui aveva costruita per me, nonostante pensassi, mi chiedessi perché. Alla fine, sai sono arrivata alla conclusione che la mente di fronte ai fumi accecanti della nostra natura più selvaggia e primordiale, ne esce sempre sconfitta. Deve essere questo il mistero della vita. Capire e comportarsi come se non non si fosse capito nulla. Gli racconto di C, quella prostituta, molto giovane, morta molto probabilmente perché non ha avuto paura di mettermi in guardia. La sua onestà l'ha spinta ad esporsi, e forse a perdere la vita per questo. "Spesso piango per lei. Ripensando al suo volermi difendere, sapendo bene che le conveniva non farlo". Luigi trattiene il respiro mentre mi ascolta. Passa come un vento refrigerante qualche minuto di pausa. Serve ad entrambi per alleviare la tensione che comunque si è creata. "E a lui ci pensi?", mi chiede a bruciapelo, voltandosi verso di me. "Certo, che ci penso" rispondo senza esitazione. L'amore, la dipendenza, la rabbia e l'odio, però non si chiamano più Tiziano. Ci ho messo del tempo a cancellare tutto questo, ma credo di esserci riuscita completamente. Luigi mi incalza: "Credi?".

Dire credo, non è un segno di incertezza, piuttosto di accettazione della vita con le sue imprevedibilità.

La mia vita continua nella direzione in cui la sto spingendo.
Grazie all'aiuto dei miei genitori e dei miei veri amici. E poi a darmi la forza c'è lui o lei che mi porto dentro. Cerco di non pensare troppo al nostro futuro economico. La mia realtà attuale non promette nulla di roseo.
Eseguo i controlli con grande puntualità dal ginecologo, per seguire tutti i passi della crescita di mio figlio. Mia madre non manca mai di accompagnarmi, già fresca e pronta a vestire i panni di futura nonna. Io, come mi consiglia sempre il dottore, oltre ai controlli che eseguo rigorosamente, devo rilassarmi il più possibile anche psicologicamente. Me lo raccomanda sempre con particolare dedizione. Mi impegno al massimo per seguire

tutte le sue prescrizioni

Anche quella di andare a parlare con uno psicoterapeuta, almeno una volta a settimana. Secondo lui mi sarebbe utile per sbrogliare quella matassa di emozioni ancora intricata. I fatti rivelano che non ha torto. Quando lo psicologo mi sollecita a parlare di Tiziano, sebbene faccia il possibile per nasconderlo, mi sento molto a disagio. Una volta mi viene una mezza crisi di nervi. Quando mi ricompongo mi escono queste parole, come acqua che scorre: "So di avere sbagliato. Non ho il diritto di dare la colpa solo a lui. E so anche di non aver saputo o voluto reagire. Mi bloccavano troppe cose. Che non riesco ancora a mettere a fuoco. Adesso sto cercando di recuperare il tempo perduto. So che è difficile. Ma ho il dovere di farlo, non solo per me. Tiziano non lo odio. Adesso so che quel legame che credevo indissolubile non era amore. Ero diventata la sua schiava. Forse avevo bisogno di un padrone, perché da sola ero convinta di non farcela. Non nego di averlo amato nei primi tempi, ma la mia colpa è stata di non aver accettato che l'amore, anche il più grande può finire. O trasformarsi in qualcosa d'altro. Che tutto nella vita ha una direzione decisa da noi. Non decidere, stare fermi, equivale a esporsi al sole, come al vento, o a una tempesta o a un ciclone. Vivere così: come un fiore che sboccia, perde i petali e muore, è naturale. Ma possiamo essere sempre qualcosa di più della nostra natura.

Sono passati sei mesi, vivo ancora a casa dei miei genitori, che non sanno né sapranno niente del mio periodo di prostituta. Almeno farò il possibile per evitarlo. Grazie all'aiuto di Luigi sto frequentando un corso regionale per aiutare i soggetti affetti da dipendenze. Il figlio che porto in grembo da sei mesi, nella mia testa, è mio soltanto. Anche se i miei genitori e i miei amici credono sia di Tiziano, tranne Luigi che sa tutto.

.

Oggi, domenica sono andata a casa di Tiziano. Con la quasi certezza di trovarlo.

Mi ha guidata un sesto senso. Mi ha aperto la porta, però mi ha guardata come un fantasma. Il suo sguardo mi ha messa a disagio. Ci ho letto un terrore ingiustificato. Credo abbia dominato questa terribile sensazione con fatica. E' riuscito a trovare le forze per farmi accomodare. Non mi ha chiesto perdono. Non me lo aspettavo. Ha voluto sapere se lo odiavo. Gli ho risposto di no. Penso di avergli detto la verità. "All'inizio ti amavo moltissimo. Poi sei diventato per me una malattia". –"Io non so più nulla. Qualunque cosa ti dicessi potrebbe essere una menzogna", mi ha risposto. Seguo il suo sguardo cadere spesso sul mio

pancione. Gli spiego subito, per non farlo stare sulle spine:
"Per tutti è figlio tuo. Ma tu sai bene che in realtà potrebbe
essere figlio di ogni uomo con cui sono stata. Un bambino
ha un padre e una madre. Quando sarà grande, gli parlerò
di te come suo padre, e non per una convenzione sociale.
Ma perché sento sia tu il padre di questo bambino".
Non abbiamo avuto molto da dirci. Non mi ha sorpreso
questo profondo silenzio tra noi. Così come non mi hanno
colpito le condizioni in cui ero sicura l'avrei trovato. E'
diventato il ritratto della demenza. Sembra un cane
rognoso che cerca di non annegare nel suo mare lurido di
ogni rifiuto umano. Non riesce nemmeno ad articolare le
parole. Lo fa con grande fatica. Prima che vada via, lo
sento inseguirmi con queste parole: "Io non sono stato con
altra donna che te. Non ti ho mai tradita".
Ormai sono lontana. Il rumore stridulo del cancello che
chiudo, ha più significato di quelle sue ultime parole.

"Lo so Tiziano, che non mi hai mai tradita. Così come ho
capito chi era quell'uomo scuro nella notte. Quello che mi
picchiò selvaggiamente senza motivo, per scaraventarmi
fuori, non solo dalla sua macchina. Da quella vita.
Avrebbe potuto uccidermi per sempre quella tua violenza
bruta. Ma tu sei così. Potresti infierire contro un essere
umano proprio come fanno gli animali feroci affamati. Ma
non sei solo questo. Non mi hai mai tradita lo so. Anche io
non avrei mai voluto farlo. Non tradire, solo per essere
ostinatamente fedeli, può diventare una prigione. Impedirti
di scorrere insieme alla vita che ti invita a seguirla.
Quando sei cieca e sorda per fedeltà, non puoi sentire il
suo richiamo. Se un Dio c'è da non dover tradire, non può
trattarsi di un uomo. Specie uno come te. Dobbiamo

continuare a cercare, fino all'ultimo dei nostri giorni; e
impedire a chiunque o a qualunque cosa di fermarci".

.

.

www.ingramcontent.com/pod-product-compliance
Lightning Source LLC
Chambersburg PA
CBHW070139290526
45789CB00002B/549